中财传媒版 2025 年度全国会计专业

辅导系列丛书 · 注定会

经济法要点随身记

财政部中国财经出版传媒集团　组织编写

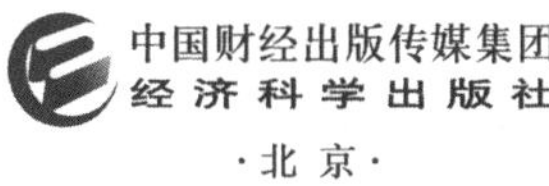

·北京·

图书在版编目（CIP）数据

经济法要点随身记 / 财政部中国财经出版传媒集团组织编写. -- 北京 : 经济科学出版社, 2025. 4.
（中财传媒版 2025 年度全国会计专业技术资格考试辅导系列丛书）. -- ISBN 978 -7 -5218 -6782 -4
Ⅰ. D922. 29

中国国家版本馆 CIP 数据核字第 20252T6F86 号

责任编辑：王淑婉　王立辉　　责任校对：刘　娅　　责任印制：张佳裕

经济法要点随身记
JINGJIFA YAODIAN SUISHENJI
财政部中国财经出版传媒集团　组织编写
经济科学出版社出版、发行　新华书店经销
社址：北京市海淀区阜成路甲 28 号　邮编：100142
总编部电话：010 -88191217　发行部电话：010 -88191522
天猫网店：经济科学出版社旗舰店
网址：http://jjkxcbs. tmall. com
北京联兴盛业印刷股份有限公司印装
850 × 1168　64 开　7. 625 印张　260000 字
2025 年 4 月第 1 版　2025 年 4 月第 1 次印刷
ISBN 978 -7 -5218 -6782 -4　定价：38. 00 元
（图书出现印装问题，本社负责调换。电话：010 -88191545）
（打击盗版举报热线：010 -88191661，QQ：2242791300）

前　　言

2025年度全国会计专业技术中级资格考试大纲已经公布，辅导教材也已正式出版发行。与2024年度相比，新考试大纲及辅导教材的内容都有所变化。为了帮助考生准确理解和掌握新大纲和新教材的内容、顺利通过考试，中国财经出版传媒集团本着为广大考生服务的态度，严格按照新大纲和新教材内容，组织编写了中财传媒版2025年度全国会计专业技术资格考试辅导“注定会赢”系列丛书。

该系列丛书包含3个子系列，共9本图书，具有重点把握精准、难点分析到位、题型题量丰富、模拟演练逼真等特点。本书属于“要点随身记”子系列，以携带方便为特点，进一步将教材中重要、易考、难以记忆的知识点进行归纳总结，以图表形式展现，帮助考生随时随地加深记忆。

中国财经出版传媒集团旗下“中财云知”App为购买本书的考生提供线上增

值服务。考生使用微信扫描封面下方的防伪码并激活下载 App 后，可免费享有题库练习、学习答疑、每日一练等增值服务。

全国会计专业技术资格考试是我国评价选拔会计人才、促进会计人员成长的重要渠道，是中国式现代化人才战略的重要组成部分。希望广大考生在认真学习教材内容的基础上，结合本丛书准确理解和全面掌握应试知识点内容，顺利通过 2025 年会计资格考试，在会计事业发展中不断取得更大进步，为中国式现代化建设贡献更多力量！

书中如有疏漏和不当之处，敬请批评指正。

财政部中国财经出版传媒集团

2025 年 4 月

目　　录

第一章　总　论

- ☞ 掌握法律行为制度
- ☞ 掌握代理制度
- ☞ 掌握仲裁法律制度的规定
- ☞ 掌握民事诉讼法律制度的规定
- ☞ 掌握行政复议法律制度的规定
- ☞ 掌握行政诉讼法律制度的规定
- ☞ 熟悉法律体系的概念和构成
- ☞ 熟悉法律部门的概念和构成
- ☞ 熟悉经济纠纷解决途径

【要点1】法律体系的概念和构成（熟悉）

项目		内　　容
法律体系	概念	（1）法律体系是指由一国现行的全部法律规范按照不同的法律部门分类组合而形成的有机联系的统一整体。 （2）法律体系是一种客观存在的社会生活现象，反映了法的统一性和系统性
	构成	（1）七个法律部门：宪法及宪法相关法、民法商法、行政法、经济法、社会法、刑法、诉讼与非诉讼程序法。 （2）三个不同层次的法律规范：法律，行政法规，地方性法规、自治条例和单行条例。 【提示】截至2024年11月8日我国现行有效法律共305件，此外还包括大量的行政法规、地方性法规等规范性文件。这些法律法规涵盖社会关系的各个方面，构成了相对齐全的法律部门，中国特色社会主义法律体系已经形成

【要点 2】法律部门的概念和构成（熟悉）

<table>
<tr><th>项目</th><th colspan="2">具体内容</th></tr>
<tr><td>概念</td><td colspan="2">（1）法律部门是根据一定的标准和原则所划定的调整同一类型社会关系的法律规范的总称。
（2）法律部门划分的标准包括主要标准和次要标准。
（3）法律部门划分的原则包括粗细恰当、多寡合适、主题定类、逻辑与实用兼顾等</td></tr>
<tr><td rowspan="2">构成</td><td>宪法及宪法相关法</td><td>宪法是国家的根本法，规定国家的根本制度和根本任务、公民的基本权利和义务等内容。
宪法相关法是与宪法相配套、直接保障宪法实施和国家政权运作等方面的法律规范</td></tr>
<tr><td>民法商法</td><td>民法商法是规范民事、商事活动的法律规范的总和，所调整的是自然人、法人和其他组织之间以平等地位发生的各种社会关系（称为横向关系）。民法调整的是平等主体的自然人、法人和其他组织之间的财产关系和人身关系。
商法是适应商事活动的需要，从民法中分离出来的法律部门。商法调整商事主体之间的商事关系，遵循民法的基本原则，同时秉承保障商事交易自由、等价有偿、便捷安全等原则</td></tr>
</table>

续表

项目	具体内容	
构成	民法商法	【提示】财产关系的内容很广，民法主要是调整商品经济关系；民法还调整属于民事范围的人身关系，包括人格关系和身份关系，前者是基于人格利益而发生的社会关系，如名誉权、隐私权、肖像权、生命健康权、法人的名称权等；后者是以特定的身份利益为内容的社会关系，如婚姻关系
	行政法	行政法是规范国家行政管理活动的法律规范的总和，包括有关行政管理主体、行政行为、行政程序以及行政监督等方面的法律规范。行政法调整的是行政机关与行政相对人（公民、法人和其他组织）之间因行政管理活动而发生的社会关系（称为纵向关系）
	经济法	经济法是调整因国家从社会整体利益出发对经济活动实行干预、管理或调控所产生的社会经济关系的法律规范的总和
	社会法	社会法是在国家干预社会生活过程中逐渐发展起来的一个法律门类，是调整劳动关系、社会保障、社会福利和特殊群体权益保障等方面关系的法律规范

续表

<table>
<tr><th>项目</th><th colspan="2">具体内容</th></tr>
<tr><td rowspan="2">构成</td><td>刑法</td><td>刑法是规定犯罪与刑罚的法律规范的总和。刑法是保证其他法律有效实施的后盾。在中国特色社会主义法律体系中，刑法是起支架作用的法律部门。
【提示】我国现阶段有关犯罪和刑罚的基本法律规范集中规定在《中华人民共和国刑法》中，除此之外，还有许多单行法，如《中华人民共和国反有组织犯罪法》等</td></tr>
<tr><td>诉讼与非诉讼程序法</td><td>诉讼与非诉讼程序法是调整因诉讼活动和非诉讼活动而产生的社会关系的法律规范的总和。我国的诉讼制度分为民事诉讼、行政诉讼和刑事诉讼三种</td></tr>
</table>

【要点3】法律行为的分类（掌握）

类别	内容	意义
单方法律行为和多方法律行为	单方法律行为是指依一方当事人的意思表示而成立的法律行为	便于正确认定法律行为的成立及其效力
	多方法律行为是指依两个或两个以上当事人意思表示一致而成立的法律行为	
有偿法律行为和无偿法律行为	有偿法律行为是指双方当事人各因其给付而从对方取得利益的法律行为	便于确立当事人权利义务的范围及其法律后果的承担
	无偿法律行为是指当事人一方无须为给付而获得利益的法律行为	

续表

类别	内容	意义
要式法律行为和非要式法律行为	要式法律行为是指法律明确规定或当事人明确约定必须采取一定形式或履行一定程序才能成立的法律行为	判定法律行为是否成立
	非要式法律行为是指法律未规定特定形式，可由当事人自由选择形式即可成立的法律行为	
主法律行为和从法律行为	主法律行为是指不需要有其他法律行为的存在就可以独立成立的法律行为	便于明确主从法律行为的效力关系
	从法律行为是指从属于其他法律行为而存在的法律行为	

【要点4】法律行为的要件（掌握）

项目		具体内容
成立要件	定义	成立要件，是法律行为的实质性要素，用于对一个法律行为是否存在进行事实判断
	内容	一般成立要件包括当事人、意思表示及其内容；特定法律行为还要求具备特别成立要件
生效要件	定义	法律行为的生效，是指法律行为发生当事人旨在追求的权利义务设立、变更、终止的法律效力
	内容	（1）行为人具有相应的民事行为能力。 （2）意思表示真实。 （3）不违反强制性规定，不违背公序良俗。

续表

项目	具体内容	
生效要件	内容	【提示】人民法院可以依据“该强制性规定不导致该民事法律行为无效的除外”的规定认定合同不因违反强制性规定无效的情形：(1) 强制性规定虽然旨在维护社会公共秩序，但是合同的实际履行对社会公共秩序造成的影响显著轻微，认定合同无效将导致案件处理结果有失公平公正；(2) 强制性规定旨在维护政府的税收、土地出让金等国家利益或者其他民事主体的合法利益而非合同当事人的民事权益，认定合同有效不会影响该规范目的的实现；(3) 强制性规定旨在要求当事人一方加强风险控制、内部管理等，对方无能力或者无义务审查合同是否违反强制性规定，认定合同无效将使其承担不利后果；(4) 当事人一方虽然在订立合同时违反强制性规定，但是在合同订立后其已经具备补正违反强制性规定的条件却违背诚信原则不予补正；(5) 法律、司法解释规定的其他情形。 人民法院应当依据“违背公序良俗的民事法律行为无效”的规定认定合同无效的情形：(1) 合同影响政治安全、经济安全、军事安全等国家安全的；(2) 合同影响社会稳定、公平竞争秩序或者损害社会公共利益等违背社会公共秩序的；(3) 合同背离社会公德、家庭伦理或者有损人格尊严等违背善良风俗的

【要点5】自然人民事行为能力（掌握）

类型	界定标准
完全民事行为能力人	18周岁以上的成年人（≥18周岁）
	16周岁以上（≥16周岁）不满18周岁（<18周岁）但以自己的劳动收入为主要生活来源的未成年人
限制民事行为能力人	8周岁以上的未成年人（≥8周岁）
	不能完全辨认自己行为的成年人
无民事行为能力人	不满8周岁的未成年人（<8周岁）
	不能辨认自己行为的成年人

【要点6】无效法律行为和可撤销法律行为对比（掌握）

项目	无效法律行为	可撤销法律行为
种类	（1）无民事行为能力人独立实施的。 （2）当事人通谋虚假表示实施的。 （3）恶意串通，损害他人合法权益的。 （4）违反强制性规定或违背公序良俗的	（1）行为人对行为内容有重大误解的。 （2）受欺诈的。 （3）受胁迫的。 （4）显失公平的
法律后果	（1）恢复原状。 （2）赔偿损失。 （3）收归国家、集体所有或者返还第三人。 （4）其他制裁	（1）可撤销法律行为被依法撤销后，法律行为从行为开始起无效，具有与无效法律行为相同的法律后果。 （2）如果撤销权人表示放弃撤销权或未在法定期间内行使撤销权的，则可撤销法律行为确定地成为完全有效的法律行为

【要点7】代理的概念及种类（掌握）

项目	内　　容
代理的概念	代理是指代理人在代理权限内，以被代理人的名义与相对人实施法律行为，由此产生的法律后果直接由被代理人承担的法律制度
代理关系的主体	（1）代理人：是替被代理人实施法律行为的人。 （2）被代理人（或称本人）：是由代理人替自己实施法律行为并承担法律后果的人。 （3）相对人：是与代理人实施法律行为的人
代理关系	（1）被代理人与代理人之间的代理权关系。 （2）代理人与相对人之间实施法律行为的关系。 （3）被代理人与相对人之间承受代理行为法律后果的关系
代理的特征	（1）代理人必须以被代理人的名义实施法律行为。 （2）代理人在代理权限内独立地向相对人进行意思表示。 （3）代理行为的法律后果直接归属于被代理人

续表

项目	内　容
代理的适用范围	代理适用于民事主体之间设立、变更和终止权利义务的法律行为。 【提示】应当由本人实施的民事法律行为，不得代理，如订立遗嘱、婚姻登记、收养子女等。本人未亲自实施的，应当认定行为无效
代理的种类	委托代理、法定代理。 【提示】委托代理授权采用书面形式的，授权委托书应当载明代理人的姓名或名称、代理事项、权限和期间，并由被代理人签名或盖章

【要点8】代理权的行使（掌握）

项目	内　　容
代理权行使的一般要求	委托代理人应按照被代理人的委托授权行使代理权，法定代理人应依照法律的规定行使代理权。代理人行使代理权必须符合被代理人的利益，并做到勤勉尽职、审慎周到，不得与他人恶意串通损害被代理人利益，也不得利用代理权谋取私利
转委托代理	转委托代理，又称复代理，是指代理人为了实施其代理权限内的行为，而以自己的名义为被代理人选任代理人的代理。 只有两种情况下才允许转委托代理：（1）被代理人允许，包括事先同意和事后追认；（2）出现紧急情况，如急病、通信联络中断、疫情防控等特殊原因，委托代理人自己不能办理代理事项，又不能与被代理人及时取得联系，如不及时转委托第三人代理，会给被代理人造成损失或扩大损失

续表

项目	内 容
滥用代理权的禁止	代理人不得滥用代理权。 代理人滥用代理权的形态主要包括自己代理、双方代理、与相对人恶意串通等。 代理人不得以被代理人的名义与自己实施民事法律行为，但是被代理人同意或者追认的除外。代理人不得以被代理人的名义与自己同时代理的其他人实施民事法律行为，但是被代理的双方同意或者追认的除外
不当代理与违法代理的责任	代理人不履行或者不完全履行职责，造成被代理人损害的，应当承担民事责任。代理人和相对人恶意串通，损害被代理人合法权益的，代理人和相对人应当承担连带责任。 代理人知道或者应当知道代理事项违法仍然实施代理行为，或者被代理人知道或者应当知道代理人的代理行为违法未作反对表示的，被代理人和代理人应当承担连带责任

【要点9】无权代理（掌握）

项目	内　容
无权代理的表现形式	（1）没有代理权而实施的代理。 （2）超越代理权实施的代理。 （3）代理权终止后而实施的代理
无权代理的法律后果	无权代理未经被代理人追认的，对被代理人不发生效力。相对人可以催告被代理人自收到通知之日起30日内予以追认；被代理人未作表示的，视为拒绝追认。 行为人实施的行为被追认前，善意相对人有撤销的权利，其撤销应当以通知的方式作出。行为人实施的行为未被追认的，善意相对人有权请求行为人履行债务或者就其受到的损害请求行为人赔偿，赔偿的范围不得超过被代理人追认时相对人所能获得的利益。 相对人知道或者应当知道行为人无权代理的，相对人和行为人按照各自的过错承担责任。但是，无权代理未经追认对被代理人不发生效力存在例外情况，如果无权代理人的代理行为，客观上使善意相对人有理由相信其有代理权的，被代理人应当承担代理的法律后果

【要点10】表见代理（掌握）

项目	内　　容
表见代理的概念	行为人没有代理权、超越代理权或者代理权终止后，仍然实施代理行为，相对人有理由相信行为人有代理权的，代理行为有效
表见代理的情形	(1) 被代理人对相对人表示已将代理权授予他人，而实际并未授权。 (2) 被代理人将某种有代理权的证明文件（如盖有公章的空白合同文本）交给他人，他人以该种文件使相对人相信其有代理权并与之进行法律行为。 (3) 代理人违反被代理人的意思或者超越代理权，相对人无过失地相信其有代理权而与之进行法律行为。 (4) 代理关系终止后未采取必要的措施而使相对人仍然相信行为人有代理权，并与之进行法律行为

【要点 11】经济纠纷解决途径（熟悉）

项目	内容
和解	和解是经济纠纷的当事人在平等的基础上相互协商、互谅互让，进而对纠纷的解决达成协议的方式
调解	调解是经济纠纷的当事人在中立第三方的主持下，自愿进行协商、解决纠纷的办法，主要有民间调解、行政调解、仲裁调解和法院调解四种形式
仲裁	仲裁是指仲裁机构根据纠纷当事人之间自愿达成的协议，以第三者的身份对所发生的纠纷进行审理，并作出对争议各方均有约束力的裁决的纠纷解决活动
民事诉讼	诉讼是指人民法院根据纠纷当事人的请求，运用审判权确认争议各方权利义务关系，解决经济纠纷的活动。公民之间、法人之间、其他组织之间以及他们相互之间因财产关系和人身关系发生纠纷，可以提起民事诉讼

续表

项目	内　　容
行政复议	行政复议是指国家行政机关在依照法律、法规的规定履行对社会的行政管理职责过程中，作为行政主体的行政机关一方与作为行政相对人的公民、法人或者其他组织一方，对于法律规定范围内的行政行为发生争议，由行政相对人向行政复议机关提出申请，由行政复议机关对引起争议的行政行为的合法性、适当性进行审查并作出相应决定的活动和制度
行政诉讼	行政诉讼是指公民、法人或者其他组织认为行政机关或法律、法规授权的组织的行政行为侵犯其合法权益，依法向人民法院请求司法保护，人民法院通过对被诉行政行为的合法性进行审查，在双方当事人和其他诉讼参与人的参与下，对该行政争议进行审理和裁判的司法活动

【要点12】仲裁的概念和适用范围（掌握）

项目	内　　容
概念	仲裁机构根据纠纷当事人之间自愿达成的协议，以第三者的身份对所发生的纠纷进行审理，并作出对争议各方均有约束力的裁决的纠纷解决活动
特点	（1）自主性。（2）专业性。（3）灵活性。（4）保密性。（5）快捷性。（6）经济性。（7）独立性
基本原则	（1）自愿原则。 （2）以事实为根据，以法律为准绳，公平合理地解决纠纷原则。 （3）仲裁组织依法独立行使仲裁权原则。 （4）一裁终局原则
适用范围	（1）可以仲裁的情形：平等主体的公民、法人和其他组织之间发生的合同纠纷和其他财产纠纷。 （2）不可以仲裁的情形：①与人身有关的婚姻、收养、监护、扶养、继承纠纷；②行政争议；③劳动争议和农业集体经济组织内部的农业承包合同纠纷

【要点13】仲裁协议（掌握）

项目	具体内容
内容	（1）请求仲裁的意思表示。 （2）仲裁事项。 （3）选定的仲裁委员会
效力	（1）仲裁协议中为当事人设定的义务，不能任意更改、终止或撤销。 （2）合法有效的仲裁协议对双方当事人诉权的行使产生一定的限制，即在当事人双方发生协议约定的争议时，任何一方只能将争议提交仲裁，而不能向人民法院起诉。 （3）对于仲裁组织来说，仲裁协议具有排除诉讼管辖权的作用。 （4）仲裁协议具有独立性，合同的变更、解除、终止或无效，不影响仲裁协议的效力
无效情形	（1）约定的仲裁事项超过法律规定的仲裁范围的。 （2）无民事行为能力人或限制民事行为能力人订立的仲裁协议。 （3）一方采取胁迫手段，迫使对方订立仲裁协议的。 【提示】仲裁协议对仲裁事项或仲裁委员会没有约定或者约定不明确的，当事人可以补充协议；达不成补充协议的，仲裁协议无效

【要点14】仲裁程序（掌握）

项目	内　容	
仲裁的申请和受理	申请仲裁必须符合的条件	（1）有仲裁协议； （2）有具体的仲裁请求和事实、理由； （3）属于仲裁委员会的受理范围
	仲裁申请书应载明的事项	（1）当事人的姓名、性别、年龄、职业、工作单位和住所，法人或其他组织的名称、住所和法定代表人或主要负责人的姓名、职务； （2）仲裁请求和所根据的理由； （3）证据和证据来源、证人姓名和住所
仲裁庭的组成	仲裁员构成	（1）仲裁庭可以由1名仲裁员成立独任仲裁庭或3名仲裁员组成合议仲裁庭； （2）由3名仲裁员组成的合议仲裁庭，设首席仲裁员

续表

<table>
<tr><th>项目</th><th colspan="2">内 容</th></tr>
<tr><td>仲裁庭的组成</td><td>仲裁员回避情况</td><td>(1) 是本案当事人，或者当事人、代理人的近亲属；
(2) 与本案有利害关系；
(3) 与本案当事人、代理人有其他关系，可能影响公正仲裁的；
(4) 私自会见当事人、代理人，或者接受当事人、代理人的请客送礼的</td></tr>
<tr><td rowspan="2">仲裁裁决</td><td>开庭</td><td>(1) 仲裁应当开庭进行。当事人协议不开庭的，仲裁庭可以根据仲裁申请书、答辩书以及其他材料作出裁决。
(2) 仲裁一般不公开进行</td></tr>
<tr><td>和解</td><td>(1) 申请仲裁后，当事人可以自行和解；
(2) 达成和解协议的，可以请求仲裁庭根据和解协议作出裁决书，也可以撤回仲裁申请；撤回仲裁申请后反悔的，也可以根据仲裁协议申请仲裁</td></tr>
</table>

续表

项目	内容	
仲裁裁决	调解	(1) 仲裁庭在作出裁决前，可以先行调解，当事人自愿调解的，仲裁庭应当调解；调解不成的，应当及时作出裁决； (2) 调解达成协议的，应当制作调解书或根据协议的结果制作裁决书，调解书经双方当事人签收后，即发生法律效力； (3) 当事人在调解书签收前反悔的，仲裁庭应当及时作出裁决
	裁决	(1) 裁决应按多数仲裁员的意见作出，少数仲裁员的不同意见可以记入笔录； (2) 仲裁庭不能形成多数意见时，裁决应当按首席仲裁员的意见作出； (3) 裁决书自作出之日起发生法律效力

【要点15】仲裁效力及法定撤销情形（掌握）

项目	内容
仲裁效力	当事人应当履行仲裁裁决。一方当事人不履行的，另一方当事人可以按照法律规定向人民法院申请执行，受理申请的人民法院应当执行
法定撤销情形	（1）没有仲裁协议的。 （2）裁决的事项不属于仲裁协议的范围或者仲裁委员会无权仲裁的。 （3）仲裁庭的组成或者仲裁的程序违反法定程序的。 （4）裁决所根据的证据是伪造的。 （5）对方当事人隐瞒了足以影响公正裁决的证据的。 （6）仲裁员在仲裁该案时有索贿受贿、徇私舞弊、枉法裁决行为的

【要点16】民事诉讼的适用范围（掌握）

项目	内　　容
民事纠纷案件	（1）由民法调整的物权关系、债权关系、知识产权关系、人身权关系引起的诉讼。 （2）由民法调整的婚姻家庭关系、继承关系、收养关系引起的诉讼。 （3）由经济法调整的经济关系中属于民事性质的诉讼
商事纠纷案件	商事纠纷案件是指由商法调整的商事关系引起的诉讼
劳动争议案件	劳动争议案件是指因劳动法调整的社会关系发生的争议，法律规定适用民事诉讼程序的案件
适用《民事诉讼法》审理的非讼案件	（1）适用特别程序审理的案件。 （2）适用督促程序审理的案件。 （3）适用公示催告程序审理的案件

【要点 17】民事诉讼基本制度（掌握）

项目	内 容
合议制度	合议制度是指由 3 名以上审判人员组成审判组织，代表人民法院行使审判权，对案件进行审理并作出裁判的制度
回避制度	回避制度是指审判人员和其他有关人员，遇有法律规定的情形时，退出对某一案件的审理活动的制度。审判人员、法官助理、书记员、司法技术人员、翻译人员、鉴定人、勘验人有下列情形之一的，应当自行回避，当事人有权用口头或者书面方式申请他们回避：（1）是本案当事人或者当事人、诉讼代理人近亲属的。（2）与本案有利害关系的。（3）与本案当事人、诉讼代理人有其他关系，可能影响对案件公正审理的。上述人员接受当事人、诉讼代理人请客送礼，或者违反规定会见当事人、诉讼代理人的，当事人有权要求他们回避

续表

项目	内　容
公开审判制度	公开审判制度是指人民法院的审判活动依法向社会公开的制度。法律规定，人民法院审理民事案件，除涉及国家秘密、个人隐私或者法律另有规定的以外，应当公开进行。离婚案件、涉及商业秘密的案件，当事人申请不公开审理的，可以不公开审理。公开审理案件，应当在开庭前公告当事人姓名、案由和开庭的时间、地点，以便群众旁听。公开审判包括审判过程公开和审判结果公开两项内容。不论案件是否公开审理，一律公开宣告判决
两审终审制度	两审终审制度是指一个诉讼案件经过两级人民法院审判后即终结的制度。我国人民法院分为四级：最高人民法院、高级人民法院、中级人民法院、基层人民法院。除最高人民法院外，其他各级人民法院都有自己的上一级人民法院。按照两审终审制，一个案件经第一审人民法院审判后，当事人如果不服，有权在法定期限内向上一级人民法院提起上诉，由该上一级人民法院进行第二审。二审人民法院的判决、裁定是终审的判决、裁定

【要点18】民事诉讼管辖（掌握）

管辖范围		内容
地域管辖	一般地域管辖	以被告住所地为依据来确定案件的管辖法院（原告就被告原则）
	特殊地域管辖	以被告住所地或者引起诉讼纠纷的法律事实所在地为标准来确定案件的管辖法院。 （1）因合同纠纷提起的诉讼，由被告住所地或者合同履行地人民法院管辖。 （2）因保险合同纠纷提起的诉讼，由被告住所地或者保险标的物所在地人民法院管辖。 （3）因票据权利纠纷提起的诉讼，由票据支付地或者被告住所地人民法院管辖。因非票据权利纠纷提起的诉讼，由被告住所地人民法院管辖。 （4）因公司设立、确认股东资格、股东名册记载、请求变更公司登记、股东知情权、公司决议、公司合并、公司分立、公司减资、公司增资、分配利润、解散等纠纷提起的诉讼，由公司住所地人民法院管辖。

续表

管辖范围		内　容
地域管辖	特殊地域管辖	(5) 因铁路、公路、水上、航空运输和联合运输合同纠纷提起的诉讼，由运输始发地、目的地或者被告住所地人民法院管辖。 (6) 因侵权行为提起的诉讼，由侵权行为地（包括侵权行为实施地、侵权结果发生地）或者被告住所地人民法院管辖。 (7) 因铁路、公路、水上和航空事故请求损害赔偿提起的诉讼，由事故发生地或者车辆、船舶最先到达地、航空器最先降落地或者被告住所地人民法院管辖。 (8) 因船舶碰撞或者其他海事损害事故请求损害赔偿提起的诉讼，由碰撞发生地、碰撞船舶最先到达地、加害船舶被扣留地或者被告住所地人民法院管辖。 (9) 因海难救助费用提起的诉讼，由救助地或者被救助船舶最先到达地人民法院管辖。 (10) 因共同海损提起的诉讼，由船舶最先到达地、共同海损理算地或者航程终止地人民法院管辖
	专属管辖	法律强制规定某类案件必须由特定的人民法院管辖，其他人民法院无权管辖，当事人也不得协议变更管辖。

续表

管辖范围		内 容
地域管辖	专属管辖	(1) 因不动产纠纷提起的诉讼，由不动产所在地人民法院管辖。 (2) 因港口作业中发生纠纷提起的诉讼，由港口所在地人民法院管辖。 (3) 因继承遗产纠纷提起的诉讼，由被继承人死亡时住所地或者主要遗产所在地人民法院管辖
	协议管辖（合意管辖、约定管辖）	双方当事人在合同纠纷或者其他财产权益纠纷（如因物权、知识产权中的财产权而产生的民事纠纷）发生之前或发生之后，以书面协议或者默示的方式选择解决管辖他们之间纠纷的人民法院
	共同管辖和选择管辖	是两个以上人民法院都有管辖权时管辖的确定。两个以上人民法院都有管辖权（共同管辖）的诉讼，原告可以向其中一个人民法院起诉（选择管辖）；原告向两个以上有管辖权的人民法院起诉的，由最先立案的人民法院管辖

续表

管辖范围	内　　容
级别管辖	根据案件的性质、影响范围来划分上下级人民法院受理第一审经济案件的分工和权限。 （1）基层人民法院原则上管辖第一审案件。 （2）中级人民法院管辖在本辖区有重大影响的案件、重大涉外案件及由最高人民法院确定由中级人民法院管辖的案件。 （3）高级人民法院管辖在辖区有重大影响的第一审案件。 （4）最高人民法院管辖在全国有重大影响的案件以及认为应当由它审理的案件

【要点19】民事诉讼的参加人（掌握）

项目	内 容
当事人	当事人是指公民、法人和其他组织因经济权益发生争议或受到损害，以自己的名义进行诉讼，并受人民法院调解或裁判约束的利害关系人。当事人包括原告、被告、共同诉讼人、诉讼中的第三人。法人由其法定代表人进行诉讼，其他组织由其主要负责人进行诉讼
诉讼代理人	诉讼代理人是指以被代理人的名义，在代理权限范围内，为了维护被代理人的合法权益而进行诉讼的人。代理人包括法定代理人、指定代理人、委托代理人

【要点20】民事诉讼审判程序（掌握）

项目		内容
第一审程序	普通程序	（1）起诉的法定条件：①原告是与本案有直接利害关系的公民、法人或者其他组织；②有明确的被告；③有具体的诉讼请求和事实、理由；④属于人民法院受理民事诉讼的范围和管辖范围。 （2）审理前的准备。①人民法院应当在立案之日起5日内将起诉状副本发送被告。被告在收到之日起15日内提出答辩状。②人民法院应当在开庭3日前用传票传唤当事人。 （3）开庭审理。人民法院对于公开审理的民事案件，应当公告当事人的姓名、案由和开庭的时间、地点
	简易程序	简易程序适用于事实清楚、权利义务关系明确、争议不大的简单案件。适用简易程序审理案件，由审判员独任审判，书记员担任记录
第二审程序（上诉程序）		（1）我国实行两审终审制，当事人不服第一审人民法院判决、裁定的，有权向上一级人民法院提起上诉。

续表

项目	内 容
第二审程序（上诉程序）	(2) 上诉必须具备以下条件：只有第一审案件的当事人才可以提起上诉；只能对法律规定的可以上诉的判决、裁定提起上诉。 (3) 上诉应当递交上诉状，上诉状应当通过原审人民法院提出，并按照对方当事人或者代理人的人数提出副本。 (4) 第二审人民法院应当对上诉请求的有关事实和适用法律进行审查，并开庭审理。 (5) 第二审人民法院对上诉案件经过审理，按照下列情况分别处理：①原判决认定事实清楚，适用法律正确的，判决驳回上诉，维持原判决；②原判决适用法律错误，依法改判；③原判决认定事实错误，或者原判决认定事实不清，证据不足，裁定撤销原判决，发回原审人民法院重审，或者查清事实后改判；④原判决违反法定程序，可能影响案件正确判决的，裁定撤销原判决，发回原审人民法院重审。 (6) 第二审人民法院的判决、裁定是终审的判决、裁定
审判监督程序（再审程序）	(1) 各级人民法院院长对本院已经发生法律效力的判决、裁定、调解书，发现确有错误，认为需要再审的，提交审判委员会讨论决定。

续表

项目	内　容
审判监督程序（再审程序）	(2) 最高人民法院对地方各级人民法院、上级人民法院对下级人民法院已经发生法律效力的判决、裁定、调解书，发现确有错误的，有权提审或者指令下级人民法院再审。 (3) 当事人对已经发生法律效力的判决、裁定，认为有错误的，可以向上一级人民法院申请再审；当事人一方人数众多或者当事人双方为公民的案件，也可以向原审人民法院申请再审。 (4) 当事人申请再审的，不停止判决、裁定的执行。当事人对已经发生法律效力的调解书申请再审，应当在调解书发生法律效力后6个月内提出。 (5) 不予受理情形：①再审申请被驳回后再次提出申请的；②对再审判决、裁定提出申请的；③在人民检察院对当事人的申请作出不予提出再审检察建议或者抗诉决定后又提出申请的

【要点 21】民事诉讼法院调解（掌握）

项目	内容
含义	(1) 法院调解是一种诉讼活动。只要双方当事人在法院主持下就争议案件进行自愿协商，就可以理解为法院调解。 (2) 法院调解是一种结案方式。作为一种解决争议的方式，法院调解须以当事人达成协议为条件
适用范围	(1) 适用一审程序、二审程序与再审程序审理的民事案件，根据当事人自愿的原则，均可在事实清楚的基础上，分清是非，进行调解。 (2) 适用特别程序、督促程序、公示催告程序的案件，婚姻等身份关系确认案件以及其他根据案件性质不能调解的案件，不得调解
调解书	(1) 调解达成协议，人民法院应当制作调解书。 (2) 调解书应当写明诉讼请求、案件的事实和调解结果。 (3) 调解书由审判人员、书记员署名，加盖人民法院印章，经双方当事人签收后，即具有法律效力

续表

项目	内　　容
法律效力	（1）诉讼结束，当事人不得以同一事实和理由再行起诉。 （2）该案的诉讼法律关系消灭。 （3）对调解书不得上诉。 （4）当事人在诉讼中的实体权利义务争议消灭。 （5）具有给付内容的调解书具有**强制执行效力**

学习心得

【要点 22】民事诉讼执行程序（掌握）

项目	内　容
概念	执行程序是人民法院依法对已经发生法律效力的判决、裁定及其他法律文书的规定，强制义务人履行义务的程序
申请执行期间	对发生法律效力的判决、裁定、调解书和其他应由人民法院执行的法律文书，当事人必须履行。一方拒绝履行的，对方当事人可以向人民法院申请执行。申请执行的期间为 2 年，从法律文书规定履行期间的最后一日起计算；法律文书规定分期履行的，从最后一期履行期限届满之日起计算；法律文书未规定履行期间的，从法律文书生效之日起计算
申请执行时效	申请执行人超过申请执行时效期间向人民法院申请强制执行的，人民法院应予受理。被执行人对申请执行时效期间提出异议，人民法院经审查异议成立的，裁定不予执行。被执行人履行全部或者部分义务后，又以不知道申请执行时效期间届满为由请求执行回转的，人民法院不予支持

【要点 23】民事诉讼时效（掌握）

项目	内　容
概念	诉讼时效是指权利人不在法定期间内行使权利而失去诉讼保护的制度。该法定期间即诉讼时效期间
特点	（1）诉讼时效以权利人不行使法定权利的事实状态的存在为前提。 （2）诉讼时效期间届满时债务人获得抗辩权，但债权人的实体权利并不消灭。 （3）诉讼时效具有法定性和强制性
适用对象	诉讼时效主要适用于请求权。 （1）下列请求权不适用诉讼时效的规定：①请求停止侵害、排除妨碍、消除危险；②不动产物权和登记的动产物权的权利人请求返还财产；③请求支付抚养费、赡养费或者扶养费；④依法不适用诉讼时效的其他请求权。 （2）当事人对下列债权请求权提出诉讼时效抗辩的，人民法院不予支持：①支付存款本金及利息请求权；②兑付国债、金融债券以及向不特定对象发行的企业债券本息请求权；③基于投资关系产生的缴付出资请求权；④其他依法不适用诉讼时效规定的债权请求权

续表

项目	内 容
诉讼时效期间的种类	（1）3 年的普通时效期间。 （2）20 年的长期时效期间
诉讼时效期间的起算	诉讼时效期间自权利人知道或者应当知道权利受到损害及义务人之日起计算。 （1）侵权行为所生之债的诉讼时效，自权利人知道或应当知道权利被侵害事实和加害人之时开始计算。 （2）约定履行期限之债的诉讼时效，自履行期限届满之日开始计算。 （3）未约定履行期限之债的诉讼时效。对于可以确定履行期限的，诉讼时效期间从履行期限届满之日起计算；对于不能确定履行期限的，诉讼时效期间从债权人要求债务人履行义务的宽限期届满之日起计算。 （4）不作为义务之债的诉讼时效，自债权人得知或者应当知道债务人作为之时开始计算。 （5）附条件之债的诉讼时效，自该条件成就之日起计算。 （6）附期限之债的诉讼时效，自该期限届至之日起计算。 （7）其他法律对诉讼时效起算点有特别规定的，从其规定

【要点24】民事诉讼时效期间的中止、中断与延长（掌握）

类别	内容	
诉讼时效期间的中止	概念	诉讼时效期间的中止是指诉讼时效期间行将完成之际，因发生一定的法定事由而使权利人不能行使请求权，暂时停止计算诉讼时效期间，以前经过的时效期间仍然有效，待阻碍时效进行的事由消失后，继续计算诉讼时效期间
	条件	在诉讼时效期间的最后6个月内，因不可抗力或者其他障碍不能行使请求权的，诉讼时效中止。发生诉讼时效期间中止须满足两个条件： （1）诉讼时效的中止必须是因法定事由而发生。 （2）法定事由发生于或存续至诉讼时效期间的最后6个月内
	效力	诉讼时效期间中止的效力，在于使时效期间暂停计算，待中止的原因消灭后，即权利人能够行使其请求权时，再继续计算时效期间。继续计算的时效期间不足6个月的，应延长到6个月。《民法典》第一百九十四条第二款规定："自中止时效的原因消除之日起满6个月，诉讼时效期间届满。"

续表

<table>
<tr><th>类别</th><th colspan="2">内 容</th></tr>
<tr><td rowspan="3">诉讼时效期间的中断</td><td>概念</td><td>诉讼时效期间的中断是指在诉讼时效进行中，因发生一定的法定事由，致使已经经过的时效期间统归无效，待时效中断的法定事由消除后，诉讼时效期间重新计算</td></tr>
<tr><td>事由</td><td>（1）权利人向义务人提出请求履行义务的要求，即权利人直接向义务人请求履行义务的意思表示。
（2）义务人同意履行义务。
（3）权利人提起诉讼或者申请仲裁。
（4）与提起诉讼或者申请仲裁具有同等效力的其他情形</td></tr>
<tr><td>效力</td><td>诉讼时效期间中断的事由发生后，已经过的时效期间归于无效；中断事由存续期间，时效不进行；中断事由终止时，重新计算时效期间</td></tr>
<tr><td rowspan="2">诉讼时效期间的延长</td><td>概念</td><td>诉讼时效期间的延长是指人民法院对已经完成的诉讼时效期间，根据特殊情况而予以延长</td></tr>
<tr><td>使用范围</td><td>诉讼时效期间的延长，只适用于20 年长期时效期间</td></tr>
</table>

【要点25】行政复议与行政裁决的区别（掌握）

区别	行政复议	行政裁决
性质不同	既有行政机关解决纠纷的行政司法性质，又有行政机关内部监督的性质	仅仅是一种行政司法行为
解决事项不同	解决的是行政机关与行政相对人之间的争议	解决的是与行政管理职权相关的特定民事纠纷，自然资源权属、知识产权侵权和补偿、政府采购活动等为行政裁决纠纷的多发领域
法律关系不同	所涉纠纷的基础法律关系是行政法律关系	所涉纠纷的基础法律关系是民事法律关系
法律依据不同	由行政复议机关依据《行政复议法》赋予的权力对行政行为作出复议决定	由行政裁决机关依据有关法律，如《政府采购法》《土地管理法》赋予的职权对纠纷进行裁决

续表

区别	行政复议	行政裁决
解决方式不同	当事人对所涉纠纷的行政复议决定不服，可以提起行政诉讼	当事人对所涉纠纷的行政裁决不服，既可以就裁决所涉纠纷提起民事诉讼，也可以对行政裁决行为提起行政复议或者行政诉讼，并申请在行政复议或者行政诉讼中一并解决裁决所涉纠纷，但是，法律规定的终局行政裁决行为不能提起复议或诉讼

【要点 26】行政复议范围（掌握）

项目	内　　容
可以申请行政复议的事项	（1）对行政机关作出的行政处罚决定不服。 （2）对行政机关作出的行政强制措施、行政强制执行决定不服。 （3）申请行政许可，行政机关拒绝或者在法定期限内不予答复，或者对行政机关作出的有关行政许可的其他决定不服。 （4）对行政机关作出的确认自然资源的所有权或者使用权的决定不服。 （5）对行政机关作出的征收、征用决定及其补偿决定不服。 （6）对行政机关作出的赔偿决定或者不予赔偿决定不服。 （7）对行政机关作出的不予受理工伤认定申请的决定或者工伤认定结论不服。 （8）认为行政机关侵犯其经营自主权或者农村土地承包经营权、农村土地经营权。 （9）认为行政机关滥用行政权力排除或者限制竞争。 （10）认为行政机关违法集资、摊派费用或者违法要求履行其他义务。 （11）申请行政机关履行保护人身权利、财产权利、受教育权利等合法权益的法定职责，行政机关拒绝履行、未依法履行或者不予答复。

续表

项目	内 容
可以申请行政复议的事项	（12）申请行政机关依法给付抚恤金、社会保险待遇或者最低生活保障等社会保障，行政机关没有依法给付。 （13）认为行政机关不依法订立、不依法履行、未按照约定履行或者违法变更、解除政府特许经营协议、土地房屋征收补偿协议等行政协议。 （14）认为行政机关在政府信息公开工作中侵犯其合法权益。 （15）认为行政机关的其他行政行为侵犯其合法权益
行政复议的排除事项	（1）国防、外交等国家行为。 （2）行政法规、规章或者行政机关制定、发布的具有普遍约束力的决定、命令等规范性文件。 （3）行政机关对行政机关工作人员的奖惩、任免等决定。 （4）行政机关对民事纠纷作出的调解

【要点 27】行政复议参加人和行政复议机关（掌握）

项目	内　　容	
行政复议参加人	申请人	申请行政复议的公民、法人或者其他组织是申请人
	被申请人	作出行政行为的行政机关或者法律、法规、规章授权的组织是被申请人
	第三人	申请人以外的与申请行政复议的行政行为或者行政复议案件处理结果有利害关系的公民、法人或者其他组织是第三人
行政复议机关	履行行政复议职责的行政机关是行政复议机关，即县级以上各级人民政府以及其他依照《行政复议法》履行行政复议职责的行政机关是行政复议机关	

【要点28】行政复议管辖（掌握）

管辖部门	管辖范围	管辖例外
地方人民政府统一管辖	(1) 对本级人民政府工作部门作出的行政行为不服的。 (2) 对下一级人民政府作出的行政行为不服的。 (3) 对本级人民政府依法设立的派出机关作出的行政行为不服的。 (4) 对本级人民政府或者其工作部门管理的法律、法规、规章授权的组织作出的行政行为不服的。 (5) 省、自治区、直辖市人民政府同时管辖对本机关作出的行政行为不服的行政复议案件。省、自治区人民政府依法设立的派出机关参照设区的市级人民政府的职责权限，管辖相关行政复议案件	(1) 垂直机关的复议管辖。对海关、金融、外汇管理等实行垂直领导的行政机关、税务和国家安全机关的行政行为不服的，向上一级主管部门申请行政复议。 (2) 司法行政机关的复议管辖。对履行行政复议机构职责的地方人民政府司法行政部门的行政行为不服的，可以向本级人民政府申请行政复议，也可以向上一级司法行政部门申请行政复议

续表

管辖部门	管辖范围	管辖例外
国务院部门管辖	(1)对本部门作出的行政行为不服的。 (2)对本部门依法设立的派出机构依照法律、行政法规、部门规章规定,以派出机构的名义作出的行政行为不服的。 (3)对本部门管理的法律、行政法规、部门规章授权的组织作出的行政行为不服的	—

【要点29】行政复议的申请和受理（掌握）

项目	内　容
行政复议的申请	（1）公民、法人或者其他组织认为行政行为侵犯其合法权益的，可以自知道或者应当知道该行政行为之日起60日内提出行政复议申请，但是法律规定的申请期限超过60日的除外。 （2）申请人申请行政复议，可以书面申请；书面申请有困难的，也可以口头申请。 （3）申请人对两个以上行政行为不服的，应当分别申请行政复议。 （4）向人民法院提起行政诉讼，人民法院已经依法受理的，不得申请行政复议
行政复议的受理	（1）有明确的申请人和符合《行政复议法》规定的被申请人。 （2）申请人与被申请行政复议的行政行为有利害关系。 （3）有具体的行政复议请求和理由。 （4）在法定申请期限内提出。 （5）属于《行政复议法》规定的行政复议范围。 （6）属于本机关的管辖范围。 （7）行政复议机关未受理过该申请人就同一行政行为提出的行政复议申请，并且人民法院未受理过该申请人就同一行政行为提起的行政诉讼

【要点30】行政复议与行政诉讼的关系（掌握）

项目	内容
先复议后诉讼（复议前置）	经济纠纷发生后行政诉讼的提起须以行政复议为前提，没有申请行政复议的，不得提起行政诉讼
只复议不诉讼（复议终局）	对于行政机关作出的行政行为只能申请复议，而不得提起诉讼，即法律规定行政复议决定为最终裁决的，公民、法人或者其他组织不得提起行政诉讼
或诉讼或裁决	只能在诉讼和申请裁决中选择一种纠纷解决途径

【要点31】行政复议期间行政行为的执行效力（掌握）

项目	具体内容
不停止执行	一般情况下，为了维护行政管理秩序，行政复议期间行政行为并不停止执行
停止执行	有下列情形之一的，应当停止执行： （1）被申请人认为需要停止执行； （2）行政复议机关认为需要停止执行； （3）申请人、第三人申请停止执行，行政复议机关认为其要求合理，决定停止执行； （4）法律、法规、规章规定停止执行的其他情形

【要点32】行政复议审理程序（掌握）

项目	适用范围
普通程序	普通程序是行政复议中最基本、最核心的程序，可适用于所有行政复议案件，具有广泛适用性
简易程序	行政复议机关审理下列行政复议案件，认为事实清楚、权利义务关系明确、争议不大的行政复议案件，可以适用简易程序： （1）被申请行政复议的行政行为是当场作出。 （2）被申请行政复议的行政行为是警告或者通报批评。 （3）案件涉及款额 3 000 元以下。 （4）属于政府信息公开案件。 （5）当事人各方同意适用简易程序的，可以适用简易程序
附带审查规范性文件程序	（1）依申请附带审查。 （2）依职权附带审查

【要点 33】行政复议中止与行政复议终止（掌握）

概念	定义	适用情形
行政复议中止	行政复议机关基于法定事由暂时停止对引起行政复议的行政行为审查的制度	（1）作为申请人的公民死亡，其近亲属尚未确定是否参加行政复议。 （2）作为申请人的公民丧失参加行政复议的行为能力，尚未确定法定代理人参加行政复议。 （3）作为申请人的公民下落不明。 （4）作为申请人的法人或者其他组织终止，尚未确定权利义务承受人。 （5）申请人、被申请人因不可抗力或者其他正当理由，不能参加行政复议。 （6）依照《行政复议法》规定进行调解、和解，申请人和被申请人同意中止。 （7）行政复议案件涉及的法律适用问题需要有权机关作出解释或者确认。 （8）行政复议案件审理需要以其他案件的审理结果为依据，而其他案件尚未审结。 （9）有《行政复议法》依申请或者依职权对规范性文件附带审查的情形

续表

概念	定义	适用情形
行政复议终止	行政复议期间由于出现某些特殊情况，行政复议无法继续进行或者没有必要继续进行的，结束行政复议程序	(1) 申请人撤回行政复议申请，行政复议机构准予撤回。 (2) 作为申请人的公民死亡，没有近亲属或者其近亲属放弃行政复议权利。 (3) 作为申请人的法人或者其他组织终止，没有权利义务承受人或者其权利义务承受人放弃行政复议权利。 (4) 申请人对行政拘留或者限制人身自由的行政强制措施不服申请行政复议后，因同一违法行为涉嫌犯罪，被采取刑事强制措施。 (5) 存在上述行政复议中止的 (1)、(2)、(4) 情形，中止行政复议满 60 日，行政复议中止的原因仍未消除

【要点34】行政复议决定（掌握）

项目	内　　容
行政复议决定的作出期限	(1) 适用普通程序审理的行政复议案件，行政复议机关应当自受理申请之日起60日内作出行政复议决定，但是，法律规定的行政复议期限少于60日的除外。 (2) 适用简易程序审理的行政复议案件，行政复议机关应当自受理申请之日起30日内作出行政复议决定
行政复议决定的作出	(1) 行政复议机关依法审理行政复议案件，由行政复议机构对行政行为进行审查，提出意见，经行政复议机关的负责人同意或者集体讨论通过后，以行政复议机关的名义作出行政复议决定。 (2) 经过听证的行政复议案件，行政复议机关应当根据听证笔录、审查认定的事实和证据，依法作出行政复议决定。 (3) 提请行政复议委员会提出咨询意见的行政复议案件，行政复议机关应当将咨询意见作为作出行政复议决定的重要参考依据

续表

项目	内 容
行政复议决定的类型	(1) 变更决定。(2) 撤销决定。(3) 确认违法决定。(4) 限期履职决定。(5) 确认无效决定。(6) 维持决定。(7) 驳回复议请求决定。(8) 影响复议审理类决定。(9) 行政协议类决定。(10) 行政赔偿类决定
行政复议决定的履行	(1) 自觉履行。(2) 限期履行。(3) 强制执行

学习心得

【要点 35】行政复议调解与行政复议和解（掌握）

类型	适用情形
行政复议调解	是在行政复议案件立案后，在查明事实、分清是非的基础上，由行政复议机关对行政复议双方当事人的行政争议进行的旨在使双方当事人达成合意的活动
行政复议和解	是申请人与被申请人在行政复议决定作出前，通过协商、互谅互让，达成和解协议，以撤回复议申请的方式终结行政复议案件的活动

【要点36】行政诉讼的特有原则和受理范围（掌握）

项目	内容
特有原则	（1）被告负举证责任原则。 （2）行政行为合法性审查原则。 （3）不适用调解原则。 （4）不停止行政行为执行原则
受理范围	（1）对行政拘留、暂扣或者吊销许可证和执照、责令停产停业、没收违法所得、没收非法财物、罚款、警告等行政处罚不服的。 （2）对限制人身自由或者对财产的查封、扣押、冻结等行政强制措施和行政强制执行不服的。 （3）申请行政许可，行政机关拒绝或者在法定期限内不予答复，或者对行政机关作出的有关行政许可的其他决定不服的。 （4）对行政机关作出的关于确认土地、矿藏、水流、森林、山岭、草原、荒地、滩涂、海域等自然资源的所有权或者使用权的决定不服的。 （5）对征收、征用决定及其补偿决定不服的。 （6）申请行政机关履行保护人身权、财产权等合法权益的法定职责，行政机关拒绝履行或者不予答复的。

续表

项目	内 容
受理范围	(7) 认为行政机关侵犯其经营自主权或者农村土地承包经营权、农村土地经营权的。 (8) 认为行政机关滥用行政权力排除或者限制竞争的。 (9) 认为行政机关违法集资、摊派费用或者违法要求履行其他义务的。 (10) 认为行政机关没有依法支付抚恤金、最低生活保障待遇或者社会保险待遇的。 (11) 认为行政机关不依法履行、未按照约定履行或者违法变更、解除政府特许经营协议、土地房屋征收补偿协议等协议的。 (12) 认为行政机关侵犯其他人身权、财产权等合法权益的
不予受理范围	(1) 国家行为。国防、外交等国家行为。 (2) 抽象行政行为。行政法规、规章或者行政机关制定、发布的具有普遍约束力的决定、命令。 (3) 内部行政行为。行政机关对行政机关工作人员的奖惩、任免等决定。 (4) 终局行政裁决行为。法律规定由行政机关最终裁决的具体行政行为。

续表

项目	内　　容
不予受理范围	此外，《最高人民法院关于适用〈中华人民共和国行政诉讼法〉的解释》还规定，下列行为不属于人民法院行政诉讼的受案范围： （1）公安、国家安全等机关依照刑事诉讼法的明确授权实施的行为。 （2）调解行为以及法律规定的仲裁行为。 （3）行政指导行为。 （4）驳回当事人对行政行为提起申诉的重复处理行为。 （5）行政机关作出的不产生外部法律效力的行为。 （6）行政机关为作出行政行为而实施的准备、论证、研究、层报、咨询等过程性行为。 （7）行政机关根据人民法院的生效裁判、协助执行通知书作出的执行行为，但行政机关扩大执行范围或者采取违法方式实施的除外。 （8）上级行政机关基于内部层级监督关系对下级行政机关作出的听取报告、执法检查、督促履责等行为。 （9）行政机关针对信访事项作出的登记、受理、交办、转送、复查、复核意见等行为。 （10）对公民、法人或者其他组织权利义务不产生实际影响的行为

【要点 37】行政诉讼的诉讼管辖（掌握）

项目	内容
级别管辖	（1）基层人民法院管辖第一审行政案件。 （2）中级人民法院管辖下列第一审行政案件：对国务院部门或者县级以上地方人民政府所作的行政行为提起诉讼的案件；海关处理的案件；本辖区内重大、复杂的案件；其他法律规定由中级人民法院管辖的案件。 （3）高级人民法院管辖本辖区内重大、复杂的第一审行政案件。 （4）最高人民法院管辖全国范围内重大、复杂的第一审行政案件
地域管辖	（1）一般地域管辖。行政案件由最初作出行政行为的行政机关所在地人民法院管辖。经复议的案件，也可以由复议机关所在地人民法院管辖。经最高人民法院批准，高级人民法院可以根据审判工作的实际情况，确定若干人民法院跨行政区域管辖行政案件。 （2）特殊地域管辖。对限制人身自由的行政强制措施不服提起的诉讼，由被告所在地或者原告所在地人民法院管辖。因不动产提起的行政诉讼，由不动产所在地人民法院管辖。 （3）共同管辖。两个以上人民法院都有管辖权的案件，原告可以选择其中一个人民法院提起诉讼。原告向两个以上有管辖权的人民法院提起诉讼的，由最先立案的人民法院管辖

续表

项目	内　　容
裁定管辖	（1）移送管辖。人民法院发现受理的案件不属于本院管辖的，应当移送有管辖权的人民法院，受移送的人民法院应当受理。受移送的人民法院认为受移送的案件按照规定不属于本院管辖的，应当报请上级人民法院指定管辖，不得再自行移送。 （2）指定管辖。有管辖权的人民法院由于特殊原因不能行使管辖权的，由上级人民法院指定管辖。人民法院对管辖权发生争议，由争议双方协商解决；协商不成的，报它们的共同上级人民法院指定管辖。 （3）移转管辖。上级人民法院有权审理下级人民法院管辖的第一审行政案件。下级人民法院对其管辖的第一审行政案件，认为需要由上级人民法院审理或者指定管辖的，可以报请上级人民法院决定

【要点 38】行政诉讼原告与被告的确认（掌握）

项目	内 容
原告的确认	(1) 原告的确认直接关系到原告是否拥有诉权，能否将争议起诉到人民法院通过司法途径获得救济。行政诉讼的原告不仅仅限于行政行为直接针对的行政相对人，公民、法人或者其他组织即使不是某一行政行为的直接相对人，只要其合法权益受到行政行为的实质影响，即可成为行政诉讼的原告。这里的合法权益主要指人身权、财产权。 (2) 原告的类型：①受害人；②相邻权人；③公平竞争权人；④投资人；⑤合伙组织；⑥农村土地承包人；⑦非国有企业；⑧股份制企业；⑨非营利法人的设立人；⑩业主委员会；⑪债权人
被告的确认	“谁作出行政行为，谁就是被告”，这是确认行政诉讼被告的一般规则。但是，由于行政实践较为复杂，被告确认存在诸多不同情形，包括： (1) 直接被告的确认。 (2) 复议案件的被告确认。 (3) 共同被告的确认。两个以上行政机关作出同一行政行为的，共同作出行政行为的行政机关是共同被告。

续表

项目	内　　容
被告的确认	(4) 委托行政的被告确认。 (5) 经批准的行政行为的被告确认。 (6) 法律、法规、规章授权组织作为被告的确认。 (7) 内部机构的被告确认。 (8) 开发区管理机构的被告确认。 (9) 不作为案件中的被告确认。 (10) 被告资格的转移。 【提示】公民、法人或者其他组织对强制拆除其建筑物或者其他设施提起诉讼的，作出强制拆除决定的行政机关是被告；没有强制拆除决定书的，具体实施强制拆除行为的行政机关是被告；未收到强制拆除决定书，实施强制拆除行为的主体不明确的，现有证据初步证明实施强制拆除行为的行政机关是被告

【要点 39】行政诉讼起诉和受理（掌握）

项目	内容	
起诉	与行政复议的衔接关系	(1) 对属于人民法院受案范围的行政案件，公民、法人或者其他组织可以先向行政机关申请复议，对复议决定不服的，再向人民法院提起诉讼，也可以直接向人民法院提起诉讼。 (2) 公民、法人或者其他组织申请行政复议，行政复议机关已经依法受理的，或者法律、行政法规规定应当先向行政复议机关申请行政复议决定，对行政复议决定不服再向人民法院提起行政诉讼的，在法定行政复议期限内不得向人民法院提起行政诉讼
	起诉的一般条件	(1) 原告是认为行政行为侵犯其合法权益的公民、法人或者其他组织。 (2) 有明确的被告。 (3) 有具体的诉讼请求和事实根据。 (4) 属于人民法院受案范围和受诉人民法院管辖

续表

项目	内　　容	
起诉	起诉的时间条件	(1) 公民、法人或者其他组织直接向人民法院提起诉讼的，应当自知道或者应当知道作出行政行为之日起6个月内提出。行政机关作出行政行为时，未告知公民、法人或者其他组织起诉期限的，起诉期限从公民、法人或者其他组织知道或者应当知道起诉期限之日起计算，但从知道或者应当知道行政行为内容之日起最长不得超过1年。因不动产提起诉讼的案件自行政行为作出之日起超过20年，其他案件自行政行为作出之日起超过5年提起诉讼的，人民法院不予受理。 (2) 公民、法人或者其他组织申请行政机关履行保护其人身权、财产权等合法权益的法定职责，行政机关在接到申请之日起2个月内不履行的，公民、法人或者其他组织可以向人民法院提起诉讼。 (3) 公民、法人或者其他组织因不可抗力或者其他不属于其自身的原因耽误起诉期限的，被耽误的时间不计算在起诉期限内
	起诉方式	起诉应当向人民法院递交起诉状，并按照被告人数提出副本。书写起诉状确有困难的，可以口头起诉，由人民法院记入笔录，出具注明日期的书面凭证，并告知对方当事人

续表

项目	内 容
受理	人民法院在接到起诉状时对符合法律规定的起诉条件的，应当登记立案。对当场不能判定是否符合法律规定的起诉条件的，应当接收起诉状，出具注明收到日期的书面凭证，并在7日内决定是否立案。不符合起诉条件的，作出不予立案的裁定。裁定书应当载明不予立案的理由。原告对裁定不服的，可以提起上诉

学习心得

【要点 40】行政诉讼审理和判决（掌握）

<table>
<tr><th>项目</th><th colspan="2">内　　容</th></tr>
<tr><td rowspan="2">第一审普通程序</td><td>审理</td><td>（1）人民法院审理行政案件，由审判员组成合议庭，或者由审判员、陪审员组成合议庭。合议庭的成员应当是 3 人以上的单数。
（2）人民法院公开审理行政案件，但涉及国家秘密、个人隐私和法律另有规定的除外。
（3）在涉及行政许可、登记、征收、征用和行政机关对民事争议所作的裁决的行政诉讼中，当事人申请一并解决相关民事争议的，人民法院可以一并审理。
（4）人民法院审理行政案件，不适用调解。但是，行政赔偿、补偿以及行政机关行使法律、法规规定的自由裁量权的案件可以调解</td></tr>
<tr><td>判决</td><td>（1）人民法院应当在立案之日起 6 个月内作出第一审判决。
（2）行政行为证据确凿，适用法律、法规正确，符合法定程序的，或者原告申请被告履行法定职责或者给付义务理由不成立的，人民法院判决驳回原告的诉讼请求。</td></tr>
</table>

续表

项目	内 容	
第一审普通程序	判决	(3) 行政行为有下列情形之一的，人民法院判决撤销或者部分撤销，并可以判决被告重新作出行政行为：主要证据不足；适用法律、法规错误；违反法定程序；超越职权；滥用职权；明显不当。 (4) 人民法院经过审理，查明被告不履行法定职责的，判决被告在一定期限内履行。人民法院经过审理，查明被告依法负有给付义务的，判决被告履行给付义务。 (5) 行政处罚明显不当，或者其他行政行为涉及对款额的确定、认定确有错误的，人民法院可以判决变更。 (6) 人民法院判决确认被告行政行为违法或者无效的，可以同时判决责令被告采取补救措施；给原告造成损失的，依法判决被告承担赔偿责任
简易程序	适用范围	(1) 被诉行政行为是依法当场作出的。 (2) 案件涉及款额 2 000 元以下的。 (3) 属于政府信息公开案件的

续表

项目	内容	
简易程序	审判组织与审理期限	由审判员一人独任审理，并应当在立案之日起 **45 日内**审结
第二审程序	提起	（1）当事人不服人民法院第一审判决的，有权在判决书送达之日起 **15 日内**向上一级人民法院提起上诉；当事人不服人民法院裁定的，有权在裁定书送达之日起 **10 日内**向上一级人民法院提起上诉。 （2）逾期不提起上诉的，人民法院的第一审判决或者裁定发生法律效力
	审理	（1）人民法院对上诉案件，应当组成合议庭，开庭审理。 （2）经过阅卷、调查和询问当事人，对没有提出新的事实、证据或者理由，合议庭认为不需要开庭审理的，也可以不开庭审理。 （3）人民法院审理上诉案件，应当对原审人民法院的判决、裁定和被诉行政行为进行**全面审查**
	判决	人民法院审理上诉案件，应当在收到上诉状之日起 **3 个月内**作出终审判决

续表

项目	内　容
审判监督程序	(1) 当事人对已经发生法律效力的判决、裁定，认为确有错误的，可以向上一级人民法院申请再审，但判决、裁定不停止执行。 (2) 各级人民法院院长对本院已经发生法律效力的判决、裁定，发现有法定再审事由，或者发现调解违反自愿原则或者调解书内容违法，认为需要再审的，应当提交审判委员会讨论决定。 (3) 最高人民法院对地方各级人民法院已经发生法律效力的判决、裁定，上级人民法院对下级人民法院已经发生法律效力的判决、裁定，发现有法定再审事由，或者发现调解违反自愿原则或者调解书内容违法的，有权提审或者指令下级人民法院再审。 (4) 最高人民检察院对各级人民法院已经发生法律效力的判决、裁定，上级人民检察院对下级人民法院已经发生法律效力的判决、裁定，发现有法定再审事由，或者发现调解书损害国家利益、社会公共利益的，应当提出抗诉。地方各级人民检察院对同级人民法院已经发生法律效力的判决、裁定，发现有法定再审事由，或者发现调解书损害国家利益、社会公共利益的，可以向同级人民法院提出检察建议，并报上级人民检察院备案，也可以提请上级人民检察院向同级人民法院提出抗诉

第二章　公司法律制度

- ☞ 掌握公司法人财产权制度
- ☞ 掌握有限责任公司的设立、组织机构、股权转让的规定
- ☞ 掌握股份有限公司的设立、组织机构的规定
- ☞ 掌握公司董事、监事、高级管理人员的资格和义务
- ☞ 掌握公司、财务会计的基本要求
- ☞ 掌握公司利润分配的规定
- ☞ 掌握公司合并、分立、增资、减资的规定
- ☞ 熟悉公司法的概念与性质
- ☞ 熟悉公司登记管理的规定
- ☞ 熟悉国家出资公司组织机构的特别规定
- ☞ 熟悉股东诉讼的规定
- ☞ 熟悉公司股份发行和转让的规定
- ☞ 熟悉公司债券的规定
- ☞ 熟悉公司解散和清算的规定

【要点1】公司法概念与性质（熟悉）

项目	具体内容
概念	公司法，指的是规范公司的设立、组织活动和解散以及其他与公司组织有关的对内对外关系的法律规范的总称。 （1）公司法是商法的重要组成部分，属于商法中的商事主体法，是规范公司商事活动的最基本的规则。 （2）公司法是以公司为调整对象的法律规范。 （3）公司法是规范公司的设立、组织、营运、解散及其他对内对外关系的法律
性质	（1）公司法兼具组织法和活动法的双重性质，以组织法为主。 （2）公司法兼具实体法和程序法的双重性质，以实体法为主。 （3）公司法兼具强制法和任意法的双重性质，以强制法为主。 （4）公司法兼具国内法和涉外法的双重性质，以国内法为主

【要点2】公司法人财产权（掌握）

项目	具体内容	
概念	法人财产权是指公司拥有由股东投资形成的法人财产，并依法对该财产行使占有、使用、收益、处分的权利	
限制	公司向其他企业投资或者为他人提供担保的限制	按照公司章程的规定，由董事会或者股东会决议；公司章程对投资或者担保的总额及单项投资或者担保的数额有限额规定的，不得超过规定的限额
	公司为公司股东或者实际控制人提供担保的限制	应当经股东会决议。接受担保的股东或者受接受担保的实际控制人支配的股东，不得参加前述规定事项的表决。该项表决由出席会议的其他股东所持表决权的过半数通过
	公司原则上不得成为承担连带责任的出资人	公司可以向其他企业投资；法律规定公司不得成为对所投资企业的债务承担连带责任的出资人的，从其规定

【要点3】公司登记事项（熟悉）

登记事项	具体内容
公司名称	公司只能登记一个名称，经登记的公司名称受法律保护。 有限责任公司必须在公司名称中标明“有限责任公司”或者“有限公司”字样；股份有限公司必须在公司名称中标明“股份有限公司”或者“股份公司”的字样。经公司登记机关核准登记的公司名称受法律保护
公司类型	公司登记的类型包括有限责任公司和股份有限公司
公司经营范围	(1) 经营范围由公司章程规定，并应依法登记。公司可以修改公司章程，变更经营范围，但是应当办理变更登记。公司的经营范围中属于法律、行政法规规定须经批准的项目，应当依法经过批准。 (2) 公司经营范围应当符合市场准入负面清单规定，外商投资公司以及外商投资企业直接投资公司的经营范围还应当符合外商投资准入特别管理措施规定
公司住所	(1) 公司的住所是公司主要办事机构所在地。

续表

登记事项	具体内容
公司住所	（2）公司申请住所或者经营场所登记，应当提交住所或者经营场所合法使用证明。公司登记机关简化、免收住所或者经营场所使用证明材料的，应当通过部门间数据共享等方式验证核实申请人申请登记的住所或者经营场所客观存在且公司依法拥有所有权或者使用权
公司注册资本	有限责任公司的注册资本为在公司登记机关登记的全体股东认缴的出资额。股份有限公司的注册资本为在公司登记机关登记的已发行股份的股本总额
公司法定代表人的姓名	有下列情形之一的，不得担任公司的法定代表人：（1）无民事行为能力或者限制民事行为能力；（2）因贪污、贿赂、侵占财产、挪用财产或者破坏社会主义市场经济秩序被判处刑罚，执行期满未逾5年，或者因犯罪被剥夺政治权利，执行期满未逾5年，被宣告缓刑的，自缓刑考验期满之日起未逾2年；（3）担任破产清算的公司、企业的董事或者厂长、经理，对该公司、企业的破产负有个人责任的，自该公司、企业破产清算完结之日起未逾3年；（4）担任因违法被吊销营业执照、责令关闭的公司、企业的法定代表人，并负有个人责任的，自该公司、企业被吊销营业执照、责令关闭之日起未逾3年；（5）个人因所负数额较大债务到期未清偿被人民法院列为失信被执行人；（6）法律、行政法规规定的其他情形

续表

登记事项	具体内容
有限责任公司股东、股份有限公司发起人的姓名或者名称	公司发起人是指创办公司的投资人，发起人在公司成立后转变为公司的股东。公司的股东可以是自然人或法人，也可以是非法人组织
法律、行政法规规定的其他事项	如果法律、行政法规规定了其他公司登记事项，应该按照规定予以登记

【要点4】公司备案事项（熟悉）

项目	具体内容
备案内容	章程；经营期限；有限责任公司股东或者股份有限公司发起人认缴的出资数额；公司董事、监事、高级管理人员；公司登记联络员；公司受益所有人相关信息；法律、行政法规规定的其他事项
设置审计委员会行使监事会职权的公司的备案特别规定	（1）设置审计委员会行使监事会职权的公司，应当在进行董事备案时标明相关董事担任审计委员会成员的信息。 （2）公司设立登记时应当依法对登记联络员进行备案，登记联络员可以由公司法定代表人、董事、监事、高级管理人员、股东、员工等人员担任。登记联络员变更的，公司应当自变更之日起30日内向公司登记机关办理备案。公司董事、监事、高级管理人员存在《公司法》第一百七十八条规定情形之一的，公司应当依法及时解除其职务，自知道或者应当知道之日起原则上不得超过30日，并应当自解除其职务之日起30日内依法向登记机关办理备案

【要点5】公司登记规范——设立登记（熟悉）

项目	具体内容
实名登记要求	公司法定代表人、董事、监事、高级管理人员、股东等被依法限制人身自由，无法通过实名认证系统、本人现场办理或者提交公证文件等方式核验身份信息的，可以按照相关国家机关允许的方式进行实名验证
公司登记提交的材料	申请人应当对提交材料的真实性、合法性和有效性负责
公司登记的代理	申请人可以委托中介机构或者其他自然人代其办理公司登记、备案。中介机构及其工作人员、其他自然人代为办理公司登记、备案事宜，应当诚实守信、依法履责，标明其代理身份并提交授权委托书，不得提交虚假材料或者采取其他欺诈手段隐瞒重要事实，不得利用从事公司登记、备案代理业务损害国家利益、社会公共利益或者他人合法权益。 【提示】中介机构明知或者应当知道申请人提交虚假材料或者采取其他欺诈手段隐瞒重要事实进行公司登记，仍接受委托代为办理，或者协助其进行虚假登记的，由公司登记机关没收违法所得，处10万元以下的罚款

续表

项目	具体内容
登记机关的形式审查义务	(1) 登记机关对申请材料齐全、符合法定形式的予以确认并当场登记。不能当场登记的，应当在3个工作日内予以登记；情形复杂的，经登记机关负责人批准，可以再延长3个工作日。 (2) 公司申请登记或者备案的事项存在下列情形之一的，公司登记机关不予办理设立登记或者相关事项的变更登记及备案：①公司名称不符合企业名称登记管理相关规定的；②公司注册资本、股东出资期限及出资额明显异常且拒不调整的；③经营范围中属于在登记前依法须经批准的许可经营项目，未获得批准的；④涉及虚假登记的直接责任人自登记被撤销之日起3年内再次申请登记的；⑤可能危害国家安全、社会公共利益的；⑥其他不符合法律、行政法规规定的情形。 (3) 有证据证明申请人明显滥用公司法人独立地位和股东有限责任，通过变更法定代表人、股东、注册资本或者注销公司等方式，恶意转移财产、逃避债务或者规避行政处罚，可能危害社会公共利益的，公司登记机关依法不予办理相关登记或者备案，已经办理的予以撤销

续表

项目	具体内容
公司的成立日期	营业执照签发日期为公司的成立日期
营业执照	公司营业执照应当载明下列事项：名称、住所、法定代表人姓名、注册资本、公司类型、经营范围、登记机关、成立日期、统一社会信用代码

学习心得

【要点6】公司登记规范——其他登记（熟悉）

项目	具体内容
变更登记	(1) 公司变更登记事项，应当自作出变更决议、决定或者法定变更事项发生之日起30日内向登记机关申请变更登记。 (2) 公司变更住所跨登记机关辖区的，应当在迁入新的住所前，向迁入地登记机关申请变更登记。迁出地登记机关无正当理由不得拒绝移交公司档案等相关材料。 (3) 公司变更备案事项的，应当自作出变更决议、决定或者法定变更事项发生之日起30日内向登记机关办理备案。 (4) 公司登记事项未经登记或者未经变更登记，不得对抗善意相对人
公司歇业	(1) 公司应当在歇业前向登记机关办理备案。公司办理歇业备案的，公司登记机关应当将相关信息及时共享至税务、人力资源社会保障等部门，推动高效办理歇业备案涉及的其他事项。 (2) 公司歇业的期限最长不得超过3年。 (3) 公司在歇业期间开展经营活动的，视为恢复营业，公司应当通过国家企业信用信息公示系统向社会公示

续表

项目	具体内容
注销登记	(1) 公司因解散、被宣告破产或者其他法定事由需要终止的，应当依法向登记机关申请注销登记。经登记机关注销登记，公司终止。 (2) 公司股东死亡、注销或者被撤销，导致公司无法办理注销登记的，可以由该股东股权的全体合法继受主体或者该股东的全体投资人代为依法办理注销登记相关事项，并在注销决议上说明代为办理注销登记的相关情况。因公司未按期依法履行生效法律文书明确的登记备案事项相关法定义务，人民法院向公司登记机关送达协助执行通知书，要求协助涤除法定代表人、董事、监事、高级管理人员、股东、分公司负责人等信息的，公司登记机关依法通过国家企业信用信息公示系统向社会公示涤除信息。 【提示】2024 年 6 月 30 日前登记设立的公司因被吊销营业执照、责令关闭、撤销，或者通过登记的住所、经营场所无法联系被列入经营异常名录，导致公司出资期限、注册资本不符合法律规定且无法调整的，公司登记机关对其另册管理，在国家企业信用信息公示系统作出特别标注并向社会公示

【要点7】公司监督管理（熟悉）

项目	具体内容
公司应依法公示年度报告和登记相关信息	（1）企业年度报告内容包括：企业通信地址、邮政编码、联系电话、电子邮箱等信息；企业开业、歇业、清算等存续状态信息；企业投资设立企业、购买股权信息；企业为有限责任公司或者股份有限公司的，其股东或者发起人认缴和实缴的出资额、出资时间、出资方式等信息；有限责任公司股东股权转让等股权变更信息；企业网站以及从事网络经营的网店的名称、网址等信息；企业从业人数、资产总额、负债总额、对外提供保证担保、所有者权益合计、营业总收入、主营业务收入、利润总额、净利润、纳税总额信息。 （2）企业应当自下列信息形成之日起20个工作日内通过国家企业信用信息公示系统向社会公示：有限责任公司股东或者股份有限公司发起人认缴和实缴的出资额、出资时间、出资方式等信息；有限责任公司股东股权转让等股权变更信息；行政许可取得、变更、延续信息；知识产权出质登记信息；受到行政处罚的信息；其他依法应当公示的信息

续表

项目	具体内容
登记机关应当根据公司的信用风险状况实施分级分类监管	登记机关应当采取随机抽取检查对象、随机选派执法检查人员的方式，对公司登记事项进行监督检查，并及时向社会公开监督检查结果

学习心得

【要点8】有限责任公司设立的条件（掌握）

条件	规定与要求
股东符合法定人数	有限责任公司由1个以上50个以下股东出资设立。股东既可以是自然人，也可以是法人或者非法人主体
有符合公司章程规定的全体股东认缴的出资额	（1）注册资本。有限责任公司的注册资本为在公司登记机关登记的全体股东认缴的出资额。全体股东认缴的出资额由股东按照公司章程的规定自公司成立之日起5年内缴足。公司调整股东认缴和实缴的出资额、出资方式、出资期限，或者调整发起人认购的股份数等，应当自相关信息产生之日起20个工作日内通过国家企业信用信息公示系统向社会公示。 【提示】2024年6月30日前登记设立的公司，有限责任公司剩余认缴出资期限自2027年7月1日起超过5年的，应当在2027年6月30日前将其剩余认缴出资期限调整至5年内并记载于公司章程，股东应当在调整后的认缴出资期限内足额缴纳认缴的出资额；股份有限公司的发起人应当在2027年6月30日前按照其认购的股份全额缴纳股款。

续表

条件	规定与要求
有符合公司章程规定的全体股东认缴的出资额	公司生产经营涉及国家利益或者重大公共利益，国务院有关主管部门或者省级人民政府提出意见的，国务院市场监督管理部门可以同意其按原出资期限出资。公司未按照前述规定调整出资期限、注册资本的，由公司登记机关责令改正；逾期未改正的，由公司登记机关在国家企业信用信息公示系统作出特别标注并向社会公示。 【提示】2024 年 6 月 30 日前登记设立的公司存在下列情形之一的，公司登记机关应当对公司注册资本的真实性、合理性进行研判：①认缴出资期限 30 年以上；②注册资本 10 亿元人民币以上；③其他明显不符合客观常识的情形。 （2）股东出资方式。股东可以用货币出资，也可以用实物、知识产权、土地使用权、股权、债权等可以用货币估价并可以依法转让的非货币财产作价出资；法律对数据、虚拟财产的权属等另有规定的，股东可以按照规定用数据、网络虚拟财产作价出资。但是，法律、行政法规规定不得作为出资的财产除外

续表

条件	规定与要求
股东共同制定公司章程	公司章程对公司、股东、董事、监事、高级管理人员具有约束力
有公司名称，建立符合有限责任公司要求的组织机构	—
有公司住所	公司以其主要办事机构所在地为住所

【要点9】出资人以非货币财产出资的规定（掌握）

情形	规定与要求
出资人以非货币财产出资，未依法评估作价，公司、其他股东或者公司债权人请求认定出资人未履行出资义务的	人民法院应当委托具有合法资格的评估机构对该财产评估作价，评估确定的价额显著低于公司章程所定价额的，人民法院应当认定出资人未依法全面履行出资义务
出资人以符合法定条件的非货币财产出资后，因市场变化或者其他客观因素导致出资财产贬值，公司、其他股东或者公司债权人请求该出资人承担补足出资责任的	人民法院不予支持，但是，当事人另有约定的除外
出资人以划拨土地使用权出资，或者以设定权利负担的土地使用权出资，公司、其他股东或者公司债权人主张认定出资人未履行出资义务的	人民法院应当责令当事人在指定的合理期间内办理土地变更手续或者解除权利负担；逾期未办理或者未解除的，人民法院应当认定出资人未依法全面履行出资义务

续表

情形	规定与要求
出资人以房屋、土地使用权或者需要办理权属登记的知识产权等财产出资，出资人已经交付公司使用但未办理权属变更手续，公司、其他股东或者公司债权人主张认定出资人未履行出资义务的	人民法院应当责令当事人在指定的合理期间内办理权属变更手续；在前述期间内办理了权属变更手续的，人民法院应当认定其已经履行了出资义务；出资人主张自其实际交付财产给公司使用时享有相应股东权利的，人民法院应予支持

【要点10】有限责任公司设立的程序（掌握）

程序	内　　容
设立时的股东发起	（1）有限责任公司设立时的股东为设立公司从事的民事活动，其法律后果由公司承受。公司未成立的，其法律后果由公司设立时的股东承受。 （2）设立时的股东为设立公司以自己的名义从事民事活动产生的民事责任，第三人有权选择请求公司或者公司设立时的股东承担。 （3）设立时的股东因履行公司设立职责造成他人损害的，公司或者无过错的股东承担赔偿责任后，可以向有过错的股东追偿
制定公司章程	公司章程记载事项可分为：绝对必要记载事项、相对必要记载事项和任意记载事项
必要的行政审批	法律、行政法规规定设立公司必须报经批准的，应当在公司登记前依法办理批准手续
股东缴纳出资	股东应当按期足额缴纳公司章程中规定的各自所认缴的出资额，以货币出资的，应当将货币出资足额存入有限责任公司在银行开设的账户；以非货币财产出资的，应当依法办理其财产权的转移手续（详细规定见【要点11】）

续表

程序	内　容
申请设立登记	由全体股东指定的代表或者共同委托的代理人向公司登记机关申请设立登记
登记发照	公司登记机关对符合法律、法规规定条件的，予以核准登记，发给公司营业执照

学习心得

【要点 11】股东缴纳出资（掌握）

规定	具体内容
一般规定	(1) 股东不按照规定缴纳出资的，除该股东应当向公司足额缴纳外，还应当对给公司造成的损失承担赔偿责任。该赔偿责任除出资部分外，还包括未出资的利息。 (2) 公司不能清偿到期债务的，公司或者已到期债权的债权人有权要求已认缴出资但未届出资期限的股东提前缴纳出资。
股东未实际缴纳出资或者实际出资的非货币财产的实际价额显著低于所认缴的出资额的规定	设立时的其他股东与该股东在出资不足的范围内承担连带责任
股东转让已认缴出资但未届出资期限的股权的规定	由受让人承担缴纳该出资的义务；受让人未按期足额缴纳出资的，转让人对受让人未按期缴纳的出资承担补充责任

续表

规定	具体内容
未按照公司章程规定的出资日期缴纳出资或者作为出资的非货币财产的实际价额显著低于所认缴的出资额的股东转让股权的规定	转让人与受让人在出资不足的范围内承担连带责任；受让人不知道且不应当知道存在上述情形的，由转让人承担责任
以违法犯罪所得货币出资的规定	对违法犯罪行为予以追究、处罚时，应当采取拍卖或者变卖的方式处置其股权
抽逃出资的规定	有限责任公司成立后，股东不得抽逃出资。违反该规定的，股东应当返还抽逃的出资；给公司造成损失的，负有责任的董事、监事、高级管理人员应当与该股东承担连带赔偿责任
股东未履行出资或未全面履行出资或抽逃出资的权利限制的规定	公司可以根据公司章程或者股东会决议对其利润分配请求权、新股优先认购权、剩余财产分配请求权等股东权利作出相应的合理限制

提示

公司成立后，公司、股东或者公司债权人以相关股东的行为符合下列情形之一且损害公司权益为由，请求认定该股东抽逃出资的，人民法院应予支持：(1) 制作虚假财务会计报表虚增利润进行分配；(2) 通过虚构债权债务关系将其出资转出；(3) 利用关联交易将出资转出；(4) 其他未经法定程序将出资抽回的行为。

学习心得

【要点 12】有限责任公司的股东会（掌握）

事项	规定与要求
股东会的组成	有限责任公司股东会由全体股东组成，是公司的权力机构
股东会的职权	（1）选举和更换董事、监事，决定有关董事、监事的报酬事项；（2）审议批准董事会的报告；（3）审议批准监事会的报告；（4）审议批准公司的利润分配方案和弥补亏损方案；（5）对公司增加或者减少注册资本作出决议；（6）对发行公司债券作出决议；（7）对公司合并、分立、解散、清算或者变更公司形式作出决议；（8）修改公司章程；（9）公司章程规定的其他职权
股东会会议的形式	股东会会议分为定期会议和临时会议。 定期会议：应当按照公司章程的规定按时召开。 临时会议：代表 **1/10 以上表决权的股东**、**1/3 以上的董事**或者监事会提议召开临时会议的，应当召开临时会议

续表

事项	规定与要求
股东会会议的召开	(1) 首次股东会会议：由出资最多的股东召集和主持，依法行使职权。 (2) 以后的股东会会议：公司设立董事会的，由董事会召集，董事长主持；董事长不能履行职务或者不履行职务的，由副董事长主持；副董事长不能履行职务或者不履行职务的，由过半数的董事共同推举1名董事主持。公司不设董事会的，股东会会议由执行董事召集和主持。董事会或者执行董事不能履行或者不履行召集股东会会议职责的，由监事会或者不设监事会的公司的监事召集和主持；监事会或者监事不召集和主持的，代表1/10以上表决权的股东可以自行召集和主持。 (3) 召开股东会会议，应当于会议召开15日前通知全体股东
股东会的决议	股东会会议由股东按照出资比例行使表决权，公司章程另有规定的除外。股东会决议分为普通决议和特别决议。 (1) 股东会作出普通决议，应当经代表过半数表决权的股东通过。 (2) 特别决议，即修改公司章程、增加或者减少注册资本的决议，以及公司合并、分立、解散或者变更公司形式的决议，必须经代表2/3以上表决权的股东通过

【要点 13】有限责任公司的董事会、经理（掌握）

项目	具体内容
董事会的组成	（1）有限责任公司设董事会，其成员为 3 人以上，其成员中可以有公司职工代表。职工人数 300 人以上的有限责任公司，除依法设监事会并有公司职工代表的外，其董事会成员中应当有公司职工代表。 （2）董事会设董事长 1 人，董事任期由公司章程规定，但每届任期不得超过 3 年。 （3）股东人数较少或者规模较小的有限责任公司，可以不设董事会，设 1 名董事
董事会的职权	（1）召集股东会会议，并向股东会报告工作；（2）执行股东会的决议；（3）决定公司的经营计划和投资方案；（4）制订公司的利润分配方案和弥补亏损方案；（5）制订公司增加或者减少注册资本以及发行公司债券的方案；（6）制订公司合并、分立、解散或者变更公司形式的方案；（7）决定公司内部管理机构的设置；（8）决定聘任或者解聘公司经理及其报酬事项，并根据经理的提名决定聘任或者解聘公司副经理、财务负责人及其报酬事项；（9）制定公司的基本管理制度；（10）公司章程规定或者股东会授予的其他职权。公司章程对董事会职权的限制不得对抗善意相对人

续表

项目	具体内容
董事会会议的召开	召集与主持：董事长—副董事长—过半数的董事共同推举 1 名董事
董事会的决议	董事会会议应当有过半数的董事出席方可举行。董事会作出决议，应当经全体董事的过半数通过
经理	有限责任公司可以设经理，由董事会决定聘任或者解聘

【要点14】有限责任公司的监事会（掌握）

项目	具体内容
组成	（1）有限责任公司设立监事会，其成员为3人以上。（2）股东人数较少或者规模较小的有限责任公司，可以不设监事会，设1名监事；经全体股东一致同意，也可以不设监事。（3）监事会成员应当包括股东代表和适当比例的公司职工代表，其中，职工代表的比例不得低于1/3。（4）监事会设主席1人，由全体监事过半数选举产生。（5）董事、高级管理人员不得兼任监事。监事的任期每届为3年。（6）监事任期届满，连选可以连任
职权	（1）检查公司财务；（2）对董事、高级管理人员执行职务的行为进行监督，对违反法律、行政法规、公司章程或者股东会决议的董事、高级管理人员提出解任的建议；（3）当董事、高级管理人员的行为损害公司的利益时，要求董事、高级管理人员予以纠正；（4）提议召开临时股东会会议，在董事会不履行《公司法》规定的召集和主持股东会会议职责时召集和主持股东会会议；（5）向股东会会议提出提案；（6）依照《公司法》的规定，对董事、高级管理人员提起诉讼；（7）公司章程规定的其他职权
决议	监事会每年度至少召开一次会议，监事可以提议召开临时监事会会议。 监事会决议应当经全体监事的过半数通过

【要点15】公司决议瑕疵的法律后果（掌握）

项目	具体内容
决议无效	公司股东会、董事会的决议内容违反法律、行政法规的无效
决议可撤销	公司股东会、董事会的会议召集程序、表决方式违反法律、行政法规或者公司章程，或者决议内容违反公司章程的，股东自决议作出之日起60日内，可以请求人民法院撤销。 股东会、董事会的会议召集程序或者表决方式仅有轻微瑕疵，对决议未产生实质影响的除外。未被通知参加股东会会议的股东自知道或者应当知道股东会决议作出之日起60日内，可以请求人民法院撤销；自决议作出之日起1年内没有行使撤销权的，撤销权消灭
决议不成立	（1）未召开股东会、董事会会议作出决议；（2）股东会、董事会会议未对决议事项进行表决；（3）出席会议的人数或者所持表决权数未达到《公司法》或者公司章程规定的人数或者所持表决权数；（4）同意决议事项的人数或者所持表决权数未达到《公司法》或者公司章程规定的人数或者所持表决权数

提示

请求撤销股东会、董事会决议的原告，应当在起诉时具有公司股东资格。原告请求确认股东会、董事会决议不成立、无效或者撤销决议的案件，应当列公司为被告。对决议涉及的其他利害关系人，可以依法列为第三人。一审法庭辩论终结前，其他有原告资格的人以相同的诉讼请求申请参加前述规定诉讼的，可以列为共同原告。

学习心得

【要点16】股东滥用股东权的责任（掌握）

规定	具体内容	
一般规定	公司股东滥用股东权利给公司或者其他股东造成损失的，应依法承担赔偿责任。 公司股东滥用公司法人独立地位和股东有限责任，逃避债务，严重损害公司债权人利益的，应当对公司债务承担连带责任。 股东利用其控制的两个以上公司实施前述行为的，各公司应当对任一公司的债务承担连带责任。只有一个股东的公司，股东不能证明公司财产独立于股东自己的财产的，应当对公司债务承担连带责任	
公司法人人格否认的司法认定规则	人格混同的认定	在认定是否构成人格混同时，应当综合考虑以下因素： （1）股东无偿使用公司资金或者财产，不作财务记载的； （2）股东用公司的资金偿还股东的债务，或者将公司的资金供关联公司无偿使用，不作财务记载的； （3）公司账簿与股东账簿不分，致使公司财产与股东财产无法区分的； （4）股东自身收益与公司盈利不加区分，致使双方利益不清的； （5）公司的财产记载于股东名下，由股东占有、使用的； （6）人格混同的其他情形

续表

规定	具体内容	
公司法人人格否认的司法认定规则	过度支配与控制的认定	实践中常见的情形包括： （1）母子公司之间或者子公司之间进行利益输送的； （2）母子公司或者子公司之间进行交易，收益归一方，损失却由另一方承担的； （3）先从原公司抽走资金，然后再成立经营目的相同或者类似的公司，逃避原公司债务的； （4）先解散公司，再以原公司场所、设备、人员及相同或者相似的经营目的另设公司，逃避原公司债务的； （5）过度支配与控制的其他情形
	资本显著不足的认定	公司设立后在经营过程中，股东实际投入公司的资本数额与公司经营所隐含的风险相比明显不匹配
关联交易的规定	公司的控股股东、实际控制人、董事、监事、高级管理人员不得利用关联关系损害公司利益，违反前述规定给公司造成损失的，应当承担赔偿责任。	

续表

规定	具体内容
关联交易的规定	【提示】控股股东，是指其出资额占有限责任公司资本总额超过50%或者其持有的股份占股份有限公司股本总额超过50%的股东，以及出资额或者持有股份的比例虽然低于50%，但依其出资额或者持有的股份所享有的表决权已足以对股东会的决议产生重大影响的股东。实际控制人，是指通过投资关系、协议或者其他安排，能够实际支配公司行为的人。高级管理人员，是指公司的经理、副经理、财务负责人、上市公司董事会秘书和公司章程规定的其他人员

【要点17】名义股东与实际出资人的关系（掌握）

情形	相关规定
有限责任公司的实际出资人与名义出资人订立合同，约定由实际出资人出资并享有投资权益，以名义出资人为名义股东，实际出资人与名义股东对该合同效力发生争议的	如无《民法典》规定的合同无效或可撤销的情形，人民法院应当认定该合同有效
当实际出资人与名义股东因投资权益的归属发生争议，实际出资人以其实际履行了出资义务为由向名义股东主张权利的	人民法院应予支持
名义股东以公司股东名册记载、公司登记机关登记为由否认实际出资人权利的	人民法院不予支持
名义股东将登记于其名下的股权转让、质押或者以其他方式处分	如果受让方符合善意取得的条件，受让方即可取得股权

续表

情形	相关规定
名义股东处分股权造成实际出资人损失，实际出资人请求名义股东承担赔偿责任的	人民法院应予支持
公司债权人以登记于公司登记机关的股东未履行出资义务为由，请求其对公司债务不能清偿的部分在未出资本息范围内承担补充赔偿责任，股东以其仅为名义股东而非实际出资人为由进行抗辩的	人民法院不予支持。名义股东根据上述规定承担赔偿责任后，向实际出资人追偿的，人民法院应予支持
冒用他人名义出资并将该他人作为股东在公司登记机关登记的	冒名登记行为人应当承担相应责任
公司、其他股东或者公司债权人以未履行出资义务为由，请求被冒名登记为股东的承担补足出资责任或者对公司债务不能清偿部分的赔偿责任的	人民法院不予支持

【要点18】有限责任公司股东转让股权（掌握）

情形	相关规定
股东之间转让股权	没有任何限制
股东向股东以外的人转让股权	（1）股东向股东以外的人转让股权，应当将股权转让的数量、价格、支付方式和期限等事项书面通知其他股东，其他股东在同等条件下有优先购买权。股东自接到书面通知之日起30日内未答复的，视为放弃优先购买权。 （2）两个以上股东主张行使优先购买权的，协商确定各自的购买比例；协商不成的，按照转让时各自的出资比例行使优先购买权。但公司章程另有规定的，从其规定。 （3）自然人股东死亡后，其合法继承人可以继承股东资格；但是，公司章程另有规定的除外
人民法院强制转让股东股权	应当通知公司及全体股东，其他股东在同等条件下有优先购买权。其他股东自人民法院通知之日起满20日不行使优先购买权的，视为放弃优先购买权

【要点 19】有限责任公司股东退出公司（掌握）

<table>
<tr><th>项目</th><th colspan="2">具体内容</th></tr>
<tr><td>法定条件</td><td colspan="2">有下列情形之一的，对股东会该项决议投反对票的股东可以请求公司按照合理的价格收购其股权，退出公司：
（1）公司连续 5 年不向股东分配利润，而该公司 5 年连续盈利，并且符合《公司法》规定的分配利润条件；
（2）公司合并、分立、转让主要财产；
（3）公司章程规定的营业期限届满或者章程规定的其他解散事由出现，股东会会议通过决议修改章程使公司存续</td></tr>
<tr><td rowspan="3">法定程序</td><td>请求公司收购其股权</td><td>股东要求退出公司时，首先应当请求公司以合理的价格收购其股权</td></tr>
<tr><td>依法向人民法院提起诉讼</td><td>股东请求公司收购其股权，应当尽量通过协商的方式解决。但如果协商不成，根据《公司法》规定，自股东会决议通过之日起 60 日内，股东与公司不能达成股权收购协议的，股东可以自股东会决议作出之日起 90 日内向人民法院提起诉讼</td></tr>
<tr><td>注重调解</td><td></td></tr>
</table>

【要点20】国家出资公司组织机构的特别规定（熟悉）

项目	具体内容
出资人	（1）国家出资公司，由国务院或者地方人民政府分别代表国家依法履行出资人职责，享有出资人权益。 （2）国务院或者地方人民政府可以授权国有资产监督管理机构或者其他部门、机构代表本级人民政府对国家出资公司履行出资人职责
中国共产党的组织	国家出资公司内部中国共产党的组织，按照中国共产党章程的规定发挥领导作用，研究讨论公司重大经营管理事项，支持公司的组织机构依法行使职权
公司章程	国有独资公司章程由履行出资人职责的机构制定
股东	（1）国有独资公司不设股东会，由履行出资人职责的机构行使股东会职权。 （2）履行出资人职责的机构可以授权公司董事会行使股东会的部分职权，但公司章程的制定和修改，公司的合并、分立、解散、申请破产，增加或者减少注册资本，分配利润，应当由履行出资人职责的机构决定

续表

项目	具体内容
董事会	（1）国有独资公司的董事会成员中，应当过半数为外部董事，并应当有公司职工代表。 （2）董事会成员由履行出资人职责的机构委派；但是，董事会成员中的职工代表由公司职工代表大会选举产生
经理	（1）国有独资公司的经理由董事会聘任或者解聘。 （2）经履行出资人职责的机构同意，董事会成员可以兼任经理。 （3）国有独资公司的董事、高级管理人员，未经履行出资人职责的机构同意，不得在其他有限责任公司、股份有限公司或者其他经济组织兼职
审计委员会	国有独资公司在董事会中设置由董事组成的审计委员会行使《公司法》规定的监事会职权的，不设监事会或者监事

【要点 21】股份有限公司的设立方式与设立条件（掌握）

事项	情形	内　　容
设立方式	发起设立	由发起人认购设立公司时应发行的全部股份而设立公司。在设立时公司股份全部由该公司的发起人认购，而不向发起人之外的任何社会公众发行股份
	募集设立	由发起人认购设立公司时应发行股份的一部分，其余股份向特定对象募集或者向社会公开募集而设立公司
设立条件	—	（1）发起人符合法定人数：发起人既可以是自然人，也可以是法人；既可以是中国公民，也可以是外国公民。设立股份有限公司，应当有**1 人以上 200 人以下**为发起人，其中，须有半数以上的发起人在中国境内有住所。 （2）有符合公司章程规定的注册资本。注册资本为在公司登记机关登记的已发行股份的股本总额。 （3）股份发行、筹办事项符合法律规定。

续表

事项	情形	内　　容
设立条件	—	(4) 发起人制订公司章程，采用募集方式设立的须经成立大会通过。 (5) 有公司名称，建立符合股份有限公司要求的组织机构。 (6) 有公司住所

学习心得

【要点22】股份有限公司的设立程序（掌握）

方式	程序	具体内容
发起设立	认购股份	认购股份
	缴纳出资	发起人不按照其认购的股份缴纳股款，或者作为出资的非货币财产的实际价额显著低于所认购的股份的，其他发起人与该发起人在出资不足的范围内承担连带责任
	召开成立大会	成立大会的召开和表决程序由公司章程或者发起人协议规定
	申请设立登记	董事会应当授权代表，于公司成立大会结束后30日内向公司登记机关申请设立登记
募集设立	发起人认购股份	发起人认购的股份不得少于公司章程规定的公司设立时应发行股份总数的35%；但是法律、行政法规另有规定的，从其规定

续表

方式	程序	具体内容
募集设立	向社会公开募集股份	发起人向社会公开募集股份，应当公告招股说明书，并制作认股书
	召开成立大会	（1）发起人应当在公司设立时应发行股份的股款缴足之日起30日内主持召开公司成立大会。发起人应当在成立大会召开15日前将会议日期通知各认股人或者予以公告。 （2）成立大会作出决议，应当经出席会议的认股人所持表决权过半数通过。 （3）发起人、认股人缴纳股款或者交付非货币财产出资后，除未按期募足股份、发起人未按期召开成立大会或者成立大会决议不设立公司的情形外，不得抽回其股本
	申请设立登记	董事会应于成立大会结束后30日内，授权代表向公司登记机关申请设立登记

提示

股份有限公司股东有权查阅、复制公司章程、股东名册、股东会会议记录、董事会会议决议、监事会会议决议、财务会计报告，对公司的经营提出建议或者质询。连续180日以上单独或者合计持有公司3%以上股份的股东要求查阅公司的会计账簿、会计凭证的，应当向公司提出书面请求，说明目的。

学习心得

【要点23】股份有限公司设立阶段的责任（掌握）

责任	具体规定	
股份有限公司发起人承担的责任	（1）公司不能成立时，对设立行为所产生的债务和费用负连带责任。 （2）公司不能成立时，对认股人已缴纳的股款，负返还股款并加算银行同期存款利息的连带责任。 （3）在公司设立过程中，由于发起人的过错致使公司利益受到损害的，应当对公司承担赔偿责任	
公司设立阶段的合同责任	发起人为设立公司以自己名义对外签订合同	合同相对人请求该发起人承担合同责任的，人民法院应予支持。公司成立后合同相对人请求公司承担合同责任的，人民法院应予支持
	发起人以设立中公司名义对外签订合同	公司成立后合同相对人请求公司承担合同责任的，人民法院应予支持。公司成立后有证据证明发起人利用设立中公司的名义为自己的利益与相对人签订合同，公司以此为由主张不承担合同责任的，人民法院应予支持，但相对人为善意的除外

【要点 24】股份有限公司的股东会（掌握）

事项	规定与要求
职权	股份有限公司的股东会是公司的权力机构，依法行使职权。 与有限责任公司股东会的职权基本相同
形式	（1）年会。股东会应当每年召开 1 次年会；上市公司的年度股东会会议应当于上一会计年度结束后的 6 个月内举行。 （2）临时股东会会议。有下列情形之一的，应当在 2 个月内召开临时股东会会议：①董事人数不足《公司法》规定人数或者公司章程所定人数的 2/3 时。②公司未弥补的亏损达股本总额 1/3 时。③单独或者合计持有公司 10% 以上股份的股东请求时。④董事会认为必要时。⑤监事会提议召开时。⑥公司章程规定的其他情形
召开	由董事会召集，董事长主持；董事长不能履行职务或者不履行职务的，由副董事长主持；副董事长不能履行职务或者不履行职务的，由过半数的董事共同推举 1 名董事主持。董事会不能履行或者不履行召集股东会会议职责的，监事会应当及时召集和主持；监事会不召集和主持的，连续 90 日以上单独或者合计持有公司 10% 以上股份的股东可以自行召集和主持

续表

事项	规定与要求
通知	召开股东会会议，应当将会议召开的时间、地点和审议的事项于会议召开 **20 日前**通知各股东；临时股东会应当于会议召开 **15 日前**通知各股东；发行无记名股票的，应当于会议召开 **30 日前**公告会议召开的时间、地点和审议事项
临时提案	单独或者合计持有公司 1% 以上股份的股东，可以在股东会会议召开 10 日前提出临时提案并书面提交董事会；董事会应当在收到提案后 2 日内通知其他股东，并将该临时提案提交股东会审议
决议	股东出席股东会会议，所持每一股份有一表决权，类别股股东除外。股东可以书面委托代理人出席股东会会议。公司持有的本公司股份没有表决权。 股东会作出决议，**应当经出席会议的股东所持表决权过半数通过**。但是，股东会作出修改公司章程、增加或者减少注册资本的决议，以及公司合并、分立、解散或者变更公司形式的决议，**应当经出席会议的股东所持表决权的 2/3 以上通过**

【要点 25】股份有限公司的董事会、经理

项目	具体内容
董事会的性质和组成	(1) 股份有限公司设董事会，其成员为 3 人以上。 (2) 董事会成员中可以有公司职工代表，职工人数 300 人以上的股份有限公司，除依法设监事会并有公司职工代表的外，其董事会成员中应当有公司职工代表。 (3) 股份有限公司的董事任期由公司章程规定，但每届任期不得超过 3 年。董事任期届满，连选可以连任。 (4) 规模较小或者股东人数较少的股份有限公司，可以不设董事会，设 1 名董事，行使《公司法》规定的董事会的职权。该董事可以兼任公司经理
董事会的职权	(1) 董事会的职权与有限责任公司董事会的职权相同。 (2) 可以按照公司章程的规定在董事会中设置由董事组成的审计委员会，行使监事会的职权，不设监事会或者监事。审计委员会成员为 3 名以上，过半数成员不得在公司担任除董事以外的其他职务，且不得与公司存在任何可能影响其独立客观判断的关系。公司董事会成员中的职工代表可以成为审计委员会成员。审计委员会作出决议，应当经审计委员会成员的过半数通过

续表

项目	具体内容
董事会会议的召开	董事会每年度至少召开 2 次会议，每次会议应当于会议召开 10 日前通知全体董事和监事。代表 1/10 以上表决权的股东、1/3 以上董事或者监事会，可以提议召开临时董事会会议
董事会的决议	（1）董事会会议应当有过半数的董事出席方可举行。 （2）董事会作出决议，应当经全体董事的过半数通过。 （3）董事会的决议违反法律、行政法规或者公司章程、股东会决议，给公司造成严重损失的，参与决议的董事对公司负赔偿责任。但经证明在表决时曾表明异议并记载于会议记录的，该董事可以免除责任
经理	股份有限公司设经理，由董事会决定聘任或者解聘

【要点26】股份有限公司的监事会（掌握）

事项	规定与要求
组成	依法设监事会，监事会成员为3人以上。 监事会应当包括股东代表和适当比例的公司职工代表，其中，职工代表的比例不得低于1/3，具体比例由公司章程规定。监事会中的职工代表由公司职工民主选举产生。 监事的任期每届为3年，任期届满，连选可以连任
职权	与有限责任公司监事会相同。监事会可以要求董事、高级管理人员提交执行职务的报告
召开	监事会每6个月至少召开1次会议。监事可以提议召开临时监事会会议。 监事会主席召集和主持监事会会议；监事会主席不能履行职务或者不履行职务的，由监事会副主席召集和主持监事会会议；监事会副主席不能履行职务或者不履行职务的，由过半数的监事共同推举1名监事召集和主持监事会会议。 监事会决议应当经全体监事的过半数通过

【要点 27】公司董事、监事、高级管理人员的资格（掌握）

事项	相关规定
不得担任公司董事、监事、高级管理人员的情形	（1）无民事行为能力或者限制民事行为能力。 （2）因贪污、贿赂、侵占财产、挪用财产或者破坏社会主义市场经济秩序，被判处刑罚，或者因犯罪被剥夺政治权利，执行期满未逾 5 年，被宣告缓刑的，自缓刑考核期满之日起未逾 2 年。 （3）担任破产清算的公司、企业的董事或者厂长、经理，对该公司、企业的破产负有个人责任的，自该公司、企业破产清算完结之日起未逾 3 年。 （4）担任因违法被吊销营业执照、责令关闭的公司、企业的法定代表人，并负有个人责任的，自该公司、企业被吊销营业执照、责令关闭之日起未逾 3 年。 （5）个人所负数额较大的债务到期未清偿被人民法院列为失信执行人

【要点28】公司董事、监事、高级管理人员的义务（掌握）

义务	具体内容	
忠实义务	违反行为	（1）董事、监事、高级管理人员不得有下列行为：①侵占公司财产、挪用公司资金；②将公司资金以其个人名义或者以其他个人名义开立账户存储；③利用职权贿赂或者收受其他非法收入；④接受他人与公司交易的佣金归为己有；⑤擅自披露公司秘密；⑥违反对公司忠实义务的其他行为。 （2）董事、监事、高级管理人员，直接或者间接与本公司订立合同或者进行交易，应当就与订立合同或者进行交易有关的事项向董事会或者股东会报告，并按照公司章程的规定经董事会或者股东会决议通过。 （3）董事、监事、高级管理人员，不得利用职务便利为自己或者他人谋取属于公司的商业机会。但是，有下列情形之一的除外：①向董事会或者股东会报告，并按照公司章程的规定经董事会或者股东会决议通过；②根据法律、行政法规或者公司章程的规定，公司不能利用该商业机会。 （4）董事、监事、高级管理人员未向董事会或者股东会报告，并按照公司章程的规定经董事会或者股东会决议通过，不得自营或者为他人经营与其任职公司同类的业务

续表

义务		具体内容
忠实义务	违反后果	公司董事、高级管理人员违反忠实义务所得的收入应当归公司所有。公司董事、监事、高级管理人员执行职务违反法律、行政法规或者公司章程的规定，给公司造成损失的，应当承担赔偿责任
勤勉义务		（1）公司股东会要求董事、监事、高级管理人员列席会议的，董事、监事、高级管理人员应当列席并接受股东的质询。 （2）董事、高级管理人员应当如实向公司监事会提供有关情况和资料，不得妨碍监事会行使职权

提示

董事、高级管理人员执行职务，给他人造成损害的，公司应当承担赔偿责任；董事、高级管理人员存在故意或者重大过失的，也应当承担赔偿责任。公司的控股股东、实际控制人指示董事、高级管理人员从事损害公司或者股东利益的行为的，与该董事、高级管理人员承担连带责任。

【要点 29】股东诉讼（熟悉）

诉讼类型	具体内容	
股东代表诉讼	主体	有限责任公司的股东、股份有限公司连续 180 日以上单独或者合计持有公司 1% 以上股份的股东
	情形	（1）公司董事、监事、高级管理人员的行为给公司造成损失时股东代表公司提起诉讼的程序： ①公司董事、高级管理人员执行职务违反法律、行政法规或者公司章程的规定的，股东通过监事会或者监事提起诉讼。②公司监事执行职务违反法律、行政法规或者公司章程的规定的，股东通过董事会提起诉讼。 ③监事会或者董事会收到股东的书面请求后，拒绝提起诉讼，或者自收到请求之日起 30 日内未提起诉讼，或者情况紧急、不立即提起诉讼将会使公司利益受到难以弥补的损害的，股东有权为了公司的利益，以自己的名义直接向人民法院提起诉讼

续表

诉讼类型	具体内容	
股东代表诉讼	情形	(2) 其他人的行为给公司造成损失时股东提起诉讼的程序：公司董事、监事、高级管理人员以外的其他人侵犯公司合法权益，给公司造成损失的，股东可以通过监事会、董事会向人民法院提起诉讼，或者直接向人民法院提起诉讼。 (3) 股东对全资子公司的代表诉讼：公司全资子公司的董事、监事、高级管理人员执行职务违反法律、行政法规或者公司章程的规定，给公司造成损失的，或者他人侵犯公司全资子公司合法权益造成损失的，股东可以依照前述规定书面请求全资子公司的监事会、董事会向人民法院提起诉讼或者以自己的名义直接向人民法院提起诉讼
股东直接诉讼	公司董事、高级管理人员违反法律、行政法规或者公司章程的规定，损害股东利益的，股东可以依法直接向人民法院提起诉讼	

【要点30】股份发行（熟悉）

项目	具体内容	
股票的种类	普通股和类别股	（1）普通股股东享有决策参与权、利润分配权、优先认股权和剩余资产分配权。 （2）类别股是指享有优先权或者权利受到限制的股份。 ①发行类别股的公司，修改公司章程、增加或者减少注册资本，以及公司合并、分立、解散或者变更公司形式等可能影响类别股股东权利的，除应当经出席会议的股东所持表决权的**2/3以上**通过外，还应当经出席类别股股东会议的股东所持表决权的2/3以上通过。公司章程可以对需经类别股股东会议决议的其他事项作出规定。②优先股是典型的类别股，公司对优先股的股利须按约定的股利率支付，有特别约定时，当年可供分配股利的利润不足以按约定的股利率支付优先股利的，还可由以后年度可供分配股利的利润补足。优先股股东优先于普通股股东分配公司利润和剩余财产，但参与公司决策管理等权利受到限制

续表

项目	具体内容	
股票的种类	国有股、发起人股和社会公众股	国有股包括国家股和国有法人股。发起人股是指股份公司的发起人认购的股份。社会公众股是指个人和机构以合法财产购买并可依法流通的股份
	记名股票和无记名股票	公司发行的股票，应当为记名股票，不再允许发行无记名股票
股份的发行原则	股份的发行，实行公平、公正的原则，同类别的每一股份应当具有同等权利。同次发行的同类别股份，每股的发行条件和价格应当相同；认购人所认购的股份，每股应当支付相同价额	
股票的发行价格	（1）面额股股票的发行价格可以按票面金额，也可以超过票面金额，但不得低于票面金额。 （2）公司的资本划分为股份。公司的全部股份，根据公司章程的规定择一采用面额股或者无面额股。采用面额股的，每一股的金额相等。公司可以根据公司章程的规定将已发行的面额股全部转换为无面额股或者将无面额股全部转换为面额股。采用无面额股的，应当将发行股份所得股款的1/2以上计入注册资本	

续表

项目	具体内容
公司发行新股	公司章程或者股东会可以授权董事会在3年内决定发行不超过已发行股份50%的股份。但以非货币财产作价出资的应当经股东会决议。 公司章程或者股东会授权董事会决定发行新股的，董事会决议应当经全体董事2/3以上通过

学习心得

【要点31】股份转让（熟悉）

<table>
<tr><th>项目</th><th colspan="2">具体内容</th></tr>
<tr><td rowspan="3">股份转让的法律规定</td><td>股份转让自由</td><td>股份有限公司的股东持有的股份可以向其他股东转让，也可以向股东以外的人转让；公司章程对股份转让有限制的，其转让按照公司章程的规定进行</td></tr>
<tr><td>股份转让的地点</td><td>股东转让其股份，应当在依法设立的证券交易场所进行或者按照国务院规定的其他方式进行。上市公司的股票，依照有关法律、行政法规及证券交易所交易规则上市交易</td></tr>
<tr><td>股份转让的方式</td><td>股票的转让，由股东以背书方式或者法律、行政法规规定的其他方式进行，转让后由公司将受让人的姓名或者名称及住所记载于股东名册。股东会召开前20日内或者公司决定分配股利的基准日前5日内，不得变更股东名册</td></tr>
</table>

续表

项目	具体内容	
股份转让的限制	对公开发行股份前已发行股份转让的限制	公司公开发行股份前已发行的股份，自公司股票在证券交易所上市交易之日起 1 年内不得转让
	对公司董事、监事、高级管理人员转让股份的限制	公司董事、监事、高级管理人员应当向公司申报所持有的本公司的股份及其变动情况，在就任时确定的任职期间每年转让的股份不得超过其所持有本公司股份总数的 25%；所持本公司股份自公司股票上市交易之日起 1 年内不得转让。前述人员离职后半年内，不得转让其所持有的本公司股份。 上市公司董事、监事和高级管理人员所持股份不超过 1 000 股的，可一次全部转让，不受转让比例的限制

续表

项目		具体内容
股份转让的限制	对公司收购自身股份的限制	(1) 公司不得收购本公司股份。例外情形及规定：①减少公司注册资本，但应经股东会决议，并自收购之日起10日内注销；②与持有本公司股份的其他公司合并，但应经股东会决议，并在6个月内转让或者注销；③股东因对股东会作出的公司合并、分立决议持异议，要求公司收购其股份，但应当在6个月内转让或者注销；④将股份用于员工持股计划或者股权激励、将股份用于转换公司发行的可转换为股票的公司债券，以及上市公司为维护公司价值及股东权益所必需，可以按照公司章程或者股东会的授权，经2/3以上董事出席的董事会会议决议，但公司合计持有的本公司股份数不得超过本公司已发行股份总数的10%，并应当在3年内转让或者注销。 (2) 有下列情形之一的，对股东会该项决议投反对票的股东可以请求公司按照合理的价格收购其股份，公开发行股份的公司除外：①公司连续5年不向股东分配利润，而公司该5年连续盈利，并且符合《公司法》规定的分配利润条件；②公司转让主要财产；③公司章程规定的营业期限届满或者章程规定的其他解散事由出现，股东会通过决议修改章程使公司存续

续表

<table>
<tr><th>项目</th><th colspan="2">具体内容</th></tr>
<tr><td rowspan="2">股份转让的限制</td><td>对公司股票质押的限制</td><td>公司不得接受本公司的股份作为质权的标的。股份在法律、行政法规规定的限制转让期限内出质的，质权人不得在限制转让期限内行使质权</td></tr>
<tr><td>禁止对他人取得本公司及其母公司股份提供财务资助</td><td>公司不得为他人取得本公司或者其母公司的股份提供赠与、借款、担保以及其他财务资助，公司实施员工持股计划的除外</td></tr>
<tr><td>股票被盗、遗失或者灭失的规定</td><td colspan="2">股东可以依照公示催告程序，请求人民法院宣告该股票失效。人民法院宣告该股票失效后，股东可以向公司申请补发股票</td></tr>
</table>

【要点32】公司股票和公司债券的比较（熟悉）

比较项	内　　容
持有人	债券的持有人是公司的债权人，对公司享有民法上规定的债权人的所有权利
	股票的持有人则是公司的股东，享有《公司法》所规定的股东权利
持有人权利	债券的持有人，无论公司是否有盈利，对公司享有按照约定给付利息的请求权
	股票持有人，则必须在公司有盈利时才能依法获得股利分配
财产分配	公司债券到了约定期限，公司必须偿还债券本金
	股票持有人仅在公司解散时方可请求分配剩余财产
清偿权利	公司债券的持有人享有优先于股票持有人获得清偿的权利
	股票持有人必须在公司全部债务清偿之后，方可就公司剩余财产请求分配
风险与收益	公司债券的利率一般是固定不变的，风险较小
	股票权利分配的高低，与公司经营好坏密切相关，故常有变动，风险较大

【要点33】公司债券的发行（熟悉）

项目	内容
公司债券发行的条件	应当符合《证券法》和《公司债券发行与交易管理办法》规定的发行条件与程序
公司债券募集办法	公司债券募集办法应当载明下列主要事项：（1）公司名称。（2）债券募集资金的用途。（3）债券总额和债券的票面金额。（4）债券利率的确定方式。（5）还本付息的期限和方式。（6）债券担保情况。（7）债券的发行价格、发行的起止日期。（8）公司净资产额。（9）已发行的尚未到期的公司债券总额。（10）公司债券的承销机构
置备公司债券持有人名册	公司发行记名公司债券的，应当在公司债券持有人名册上载明下列事项：（1）债券持有人的姓名或者名称及住所。（2）债券持有人取得债券的日期及债券的编号。（3）债券总额，债券的票面金额、利率、还本付息的期限和方式。（4）债券的发行日期。发行可转换为股票的公司债券的，应当在债券上标明可转换公司债券字样，并在公司债券持有人名册上载明可转换公司债券的数额

【要点34】公司债券的转让（熟悉）

根据《公司法》规定，公司债券可以转让，转让价格由转让人与受让人约定。公司债券在证券交易所上市交易的，按照证券交易所的交易规则转让。

项目	内　容
公司债券的转让	由债券持有人以背书方式或者法律、行政法规规定的其他方式转让；转让后，由公司将受让人的姓名或者名称及住所记载于公司债券持有人名册，以备公司存查。受让人一经持有该债券，即成为公司的债权人
发行可转换为股票的公司债券	公司应当按照其转换办法向债券持有人换发股票，但债券持有人对转换股票或者不转换股票有选择权

【要点35】公司财务、会计的基本要求（掌握）

项目	具体内容
公司应当依法建立财务、会计制度	公司应当依照法律、行政法规和国务院财政部门的规定建立本公司的财务、会计制度
公司应当依法编制财务会计报告	公司应当在每一会计年度终了时编制财务会计报告，并依法经会计师事务所审计
公司应当依法披露有关财务、会计资料	有限责任公司应当按照公司章程规定的期限将财务会计报告送交各股东。 股份有限公司的财务会计报告应当在召开股东会年会的20日前置备于本公司，供股东查阅；公开发行股份的股份有限公司应当公告其财务会计报告
公司应当依法建立账簿、开立账户	公司除法定的会计账簿外，不得另立会计账簿。对公司资金，不得以任何个人名义开立账户存储

续表

项目	具体内容
公司应当依法聘用会计师事务所对财务会计报告审查验证	公司聘用、解聘承办公司审计业务的会计师事务所，按照公司章程的规定，由股东会、董事会或者监事会决定

学习心得

【要点36】公司利润分配（掌握）

项目		具体内容
公司利润分配顺序	一般规定	根据我国《公司法》等相关法律的规定，公司应当按照如下顺序进行利润分配： （1）弥补以前年度的亏损，但不得超过税法规定的弥补期限； （2）缴纳所得税，即公司应依我国《企业所得税法》的规定缴纳企业所得税； （3）弥补在税前利润弥补亏损之后仍存在的亏损； （4）提取法定公积金； （5）提取任意公积金； （6）向股东分配利润
	注意事项	（1）公司弥补亏损和提取公积金后所余税后利润，有限责任公司按照股东实缴的出资比例分配利润，但全体股东约定不按照出资比例分配利润的除外；股份有限公司按照股东所持有的股份比例分配利润，公司章程另有规定的除外。

续表

项目	具体内容	
公司利润分配顺序	注意事项	(2) 公司违反《公司法》规定向股东分配利润的，股东应当将违反规定分配的利润退还公司；给公司造成损失的，股东及负有责任的董事、监事、高级管理人员应当承担赔偿责任。 (3) 公司持有的本公司股份不得分配利润。股东会作出分配利润的决议的，董事会应当在股东会决议作出之日起 6 个月内进行分配
公积金	公积金的种类	盈余公积金是从公司税后利润中提取的公积金，分为法定公积金和任意公积金两种。 (1) 公司分配当年税后利润时，应当提取利润的 10% 列入公司法定公积金。当公司法定公积金累计额为公司注册资本的 50% 以上时，可以不再提取。公司的法定公积金不足以弥补以前年度亏损的，在依照规定提取法定公积金之前，应当先用当年利润弥补亏损。 (2) 公司从税后利润中提取法定公积金后，经股东会决议，还可以从税后利润中提取任意公积金

续表

<table>
<tr><th>项目</th><th colspan="2">具体内容</th></tr>
<tr><td rowspan="4">公积金</td><td>公积金的种类</td><td>资本公积金是直接由资本原因等形成的公积金，股份有限公司以超过股票票面金额的发行价格发行股份所得的溢价款、发行无面额股所得股款未计入注册资本的金额以及国务院财政部门规定列入资本公积金的其他项目，应当列为公司资本公积金</td></tr>
<tr><td rowspan="3">公积金的用途</td><td>弥补公司亏损。
【提示】公积金弥补公司亏损，应当先使用任意公积金和法定公积金；仍不能弥补的，可以按照规定使用资本公积金</td></tr>
<tr><td>扩大公司生产经营</td></tr>
<tr><td>转为增加公司注册资本。
【提示】对用任意公积金转增资本的，法律没有限制，法定公积金转为增加注册资本时，所留存的该项公积金不得少于转增前公司注册资本的25%</td></tr>
</table>

【要点37】公司合并、分立（掌握）

<table>
<tr><th>项目</th><th colspan="3">具体内容</th></tr>
<tr><td rowspan="4">公司合并</td><td>概念</td><td colspan="2">公司合并可以采取吸收合并或者新设合并：
（1）一个公司吸收其他公司为吸收合并，被吸收的公司解散。
（2）两个以上公司合并设立一个新的公司为新设合并，合并各方解散</td></tr>
<tr><td rowspan="3">程序</td><td>签订合并协议</td><td>公司合并，应当由合并各方签订合并协议。合并协议应当包括：合并后存续公司或新设公司的名称、住所；合并各方的债权债务处理办法；合并各方的资产状况及其处理办法等其他事项</td></tr>
<tr><td>编制资产负债表及财产清单</td><td>合并各方应当真实、全面地编制资产负债表和财产清单，真实反映公司的财产情况，不得隐瞒公司债权、债务</td></tr>
<tr><td>作出合并决议</td><td>（1）有限责任公司的股东会在对公司合并作出决议时，应当经代表2/3以上表决权的股东通过；股份有限公司的股东会在对公司合并作出决议时，应当经出席会议的股东所持表决权的2/3以上通过；国有独资公司的合并决议，由履行出资人职责的机构决定。</td></tr>
</table>

续表

<table>
<tr><th>项目</th><th colspan="3">具体内容</th></tr>
<tr><td rowspan="3">公司合并</td><td rowspan="3">程序</td><td>作出合并决议</td><td>(2) 公司与其持股 90% 以上的公司合并，被合并的公司不需经股东会决议，但应当通知其他股东，其他股东有权请求公司按照合理的价格收购其股权或者股份。公司合并支付的价款不超过本公司净资产 10% 的，可以不经股东会决议；但是，公司章程另有规定的除外。公司依照前述规定合并不经股东会决议的，应当经董事会决议</td></tr>
<tr><td>通知债权人</td><td>(1) 公司应当自作出合并决议之日起 10 日内通知债权人，并于 30 日内在报纸上或者国家企业信用信息公示系统公告。
(2) 债权人自接到通知之日起 30 日内，未接到通知的自公告之日起 45 日内，可以要求公司清偿债务或者提供相应的担保</td></tr>
<tr><td>依法进行登记</td><td>(1) 公司合并后，登记事项发生变更的，应当依法向公司登记机关办理变更登记；公司解散的，应当依法办理公司注销登记；设立新公司的，应当依法办理公司设立登记。
(2) 公司合并时，合并各方的债权、债务，应当由合并后存续的公司或者新设的公司承继</td></tr>
</table>

续表

项目	具体内容	
公司分立	概念	公司分立是指一个公司依法分为两个以上的公司。 （1）存续分立中，原公司继续存在，原公司的债权债务可由原公司与新公司分别承担，也可按协议归原公司独立承担，新公司取得法人资格。 （2）新设分立，又称解散分立，即公司以其全部财产设立两个以上的新公司，原公司解散
	债务承担	公司分立前的债务由分立后的公司承担连带责任。但是，公司在分立前与债权人就债务清偿达成的书面协议另有约定的除外

【要点38】公司增资、减资（掌握）

项目	具体内容	
公司注册资本的减少	程序	（1）公司需要减少注册资本时，应当编制资产负债表及财产清单。 （2）公司减少注册资本时，应当自作出减少注册资本决议之日起10日内通知债权人，并于30日内在报纸上或者国家企业信用信息公示系统公告。债权人自接到通知之日起30日内，未接到通知的自公告之日起45日内，有权要求公司清偿债务或者提供相应的担保
	股东减资	（1）公司减少注册资本，应当按照股东出资或者持有股份的比例相应减少出资额或者股份，法律另有规定、有限责任公司全体股东另有约定或者股份有限公司章程另有规定的除外。 （2）公司减少注册资本，应当依法向公司登记机关办理变更登记

续表

项目	具体内容	
公司注册资本的减少	减少注册资本弥补亏损	(1) 公司依法弥补亏损后，仍有亏损的，可以减少注册资本弥补亏损。减少注册资本弥补亏损的，公司不得向股东分配，也不得免除股东缴纳出资或者股款的义务。 (2) 依照前述规定减少注册资本的，不需要通知债权人，但应当自股东会作出减少注册资本决议之日起30日内在报纸上或者国家企业信用信息公示系统公告。 (3) 公司依照前述规定减少注册资本后，在法定公积金和任意公积金累计额达到公司注册资本50%前，不得分配利润
	违法减资的责任	股东应当退还其收到的资金，减免股东出资的应当恢复原状；给公司造成损失的，股东及负有责任的董事、监事、高级管理人员应当承担赔偿责任
公司注册资本的增加	有限责任公司增加注册资本	(1) 股东在同等条件下有权优先按照实缴的出资比例认缴出资。但是，全体股东约定不按照出资比例优先认缴出资的除外。 (2) 股东认缴新增资本的出资，依照《公司法》设立有限责任公司缴纳出资的有关规定执行

续表

项目	具体内容	
公司注册资本的增加	股份有限公司为增加注册资本发行新股	(1)股东不享有优先认购权，公司章程另有规定或者股东会决议决定股东享有优先认购权的除外。 (2)股东认购新股，依照《公司法》设立股份有限公司缴纳股款的有关规定执行

学习心得

【要点 39】公司解散（熟悉）

项目	具体内容
公司解散的原因	（1）公司章程规定的营业期限届满或者公司章程规定的其他解散事由出现； （2）股东会决议解散； （3）因公司合并或者分立需要解散； （4）依法被吊销营业执照、责令关闭或者被撤销； （5）人民法院依法予以解散。 公司出现前述解散事由，应当在 10 日内将解散事由通过国家企业信用信息公示系统予以公示。 【提示】公司有前述第（1）、（2）项情形，且尚未向股东分配财产的，可以通过修改公司章程或者经股东会决议而存续。公司依照前述规定修改公司章程或者经股东会决议，有限责任公司须经持有 2/3 以上表决权的股东通过，股份有限公司须经出席股东会会议的股东所持表决权的 2/3 以上通过

续表

项目	具体内容
公司司法解散	单独或者合计持有公司10%以上表决权的股东，有权以下列事由之一提起解散公司诉讼： （1）公司持续2年以上无法召开股东会，公司经营管理发生严重困难的； （2）股东表决时无法达到法定或者公司章程规定的比例，持续2年以上不能作出有效的股东会决议，公司经营管理发生严重困难的； （3）公司董事长期冲突，且无法通过股东会解决，公司经营管理发生严重困难的； （4）经营管理发生其他严重困难，公司继续存续会使股东利益受到重大损失的情形
	（1）股东以知情权、利润分配请求权等权益受到损害，或者公司亏损、财产不足以偿还全部债务，以及公司被吊销企业法人营业执照未进行清算等为由，提起解散公司诉讼的，人民法院不予受理。 （2）股东提起解散公司诉讼应当以公司为被告。经人民法院调解公司收购原告股份的，公司应当自调解书生效之日起6个月内将股份转让或者注销。股份转让或者注销之前，原告不得以公司收购其股份为由对抗公司债权人。公司被依法宣告破产的，依照有关企业破产的法律制度实施破产清算

【要点 40】清算组（熟悉）

项目	具体内容
清算组的组成	（1）董事为公司清算义务人，应当在解散事由出现之日起 15 日内组成清算组进行清算。清算组由董事组成，但是公司章程另有规定或者股东会决议另选他人的除外。清算义务人未及时履行清算义务，给公司或者债权人造成损失的，应当承担赔偿责任。 （2）清算组成员可以从下列人员或者机构中产生：①公司股东、董事、监事、高级管理人员；②依法设立的律师事务所、会计师事务所、破产清算事务所等社会中介机构；③依法设立的律师事务所、会计师事务所、破产清算事务所等社会中介机构中具备相关专业知识并取得执业资格的人员。 【提示】根据《公司法》效力司法解释，应当进行清算的法律事实发生在《公司法》施行前，因清算责任发生争议的，适用当时的法律、司法解释的规定。应当清算的法律事实发生在《公司法》施行前，但至《公司法》施行日未满 15 日的，适用前述规定，清算义务人履行清算义务的期限自《公司法》施行日重新起算

续表

项目	具体内容
清算组的职权	（1）清理公司财产，分别编制资产负债表和财产清单； （2）通知、公告债权人； （3）处理与清算有关的公司未了结的业务； （4）清缴所欠税款以及清算过程中产生的税款； （5）清理债权、债务； （6）分配公司清偿债务后的剩余财产； （7）代表公司参与民事诉讼活动。 【提示】清算组成员怠于履行清算职责，给公司造成损失的，应当承担赔偿责任；因故意或者重大过失给债权人造成损失的，应当承担赔偿责任

【要点 41】公司清算的程序（熟悉）

程序	内　容
组织清算组	公司解散时，应当依法进行清算。根据《公司法》的规定，公司应当在解散事由出现之日起 **15 日内**成立清算组。根据最高人民法院的司法解释，有下列情形之一，债权人、公司股东、董事或其他利害关系人申请人民法院指定清算组进行清算的，人民法院应予受理：（1）公司解散逾期不成立清算组进行清算的；（2）虽然成立清算组但故意拖延清算的；（3）违法清算可能严重损害债权人或者股东利益的
清理公司财产，编制资产负债表和财产清单	清算组应当对公司财产进行清理，编制资产负债表和财产清单，制订清算方案。清算方案应当报股东会或者人民法院确认。清算组执行未经确认的清算方案给公司或者债权人造成损失，公司、股东或者债权人有权要求清算组人员承担赔偿责任
公告和通知公司债权人	清算组应当自成立之日起 **10 日内**通知债权人，并于 **60 日内**在报纸上或者国家企业信用信息公示系统公告。债权人应当自接到通知之日起 **30 日内**，未接到通知的自公告之日起 **45 日内**，向清算组申报其债权

续表

程序	内　容
登记债权、编制清算方案	债权人在规定的期限内未申报债权，在公司清算程序终结前补充申报的，清算组应予登记。债权人补充申报的债权，可以在公司尚未分配财产中依法清偿。公司清算程序终结，是指清算报告经股东会或者人民法院确认完毕。清算组未按照上述规定履行通知和公告义务，导致债权人未及时申报债权而未获清偿，清算组成员对因此造成的损失承担赔偿责任。债权人申报债权，应当说明债权的有关事项，并提供证明材料。清算组应当对债权进行登记。在申报债权期间，清算组不得对债权人进行清偿
收取债权、清偿债务，分配剩余财产	公司财产在分别支付清算费用、职工的工资、社会保险费用和法定补偿金，缴纳所欠税款，清偿公司债务后的剩余财产，有限责任公司按照股东的出资比例分配，股份有限公司按照股东持有的股份比例分配。清算期间，公司存续，但不得开展与清算无关的经营活动。公司财产在未按上述规定清偿前，不得分配给股东

续表

程序	内　容
制作清算报告，进行公司注销登记	公司清算结束后，清算组应当制作清算报告，报股东会或者人民法院确认，并报送公司登记机关，申请注销公司登记，公告公司终止。公司未经清算即办理注销登记，导致公司无法进行清算，债权人有权要求有限责任公司的股东、股份有限公司的董事和控股股东，以及公司的实际控制人对公司债务承担清偿责任
简易程序注销	公司在存续期间未产生债务，或者已清偿全部债务的，经全体股东承诺，可以按照规定通过简易程序注销公司登记。通过简易程序注销公司登记，应当通过国家企业信用信息公示系统予以公告，公告期限不少于20日。公告期限届满后，未有异议的，公司可以在20日内向公司登记机关申请注销公司登记。公司通过简易程序注销公司登记，股东对前述规定的内容承诺不实的，应当对注销登记前的债务承担连带责任

续表

程序	内　容
公司登记机关注销公司登记	公司被吊销营业执照、责令关闭或者被撤销，满 3 年未向公司登记机关申请注销公司登记的，公司登记机关可以通过国家企业信用信息公示系统予以公告，公告期限不少于 60 日。公告期限届满后，未有异议的，公司登记机关可以注销公司登记。依照前述规定注销公司登记的，原公司股东、清算义务人的责任不受影响

学习心得

【要点42】公司清算法律责任（熟悉）

责任	相关规定
法律责任	(1) 公司在合并、分立、减少注册资本或者进行清算时，不依照《公司法》规定通知或者公告债权人的，由公司登记机关责令改正，对公司处以1万元以上10万元以下的罚款。 (2) 公司在进行清算时，隐匿财产，对资产负债表或者财产清单作虚假记载或者在未清偿债务前分配公司财产的，由公司登记机关责令改正，对公司处以隐匿财产或者未清偿债务前分配公司财产金额5%以上10%以下的罚款；对直接负责的主管人员和其他直接责任人员处以1万元以上10万元以下的罚款

学习心得

第三章　合伙企业法律制度

- ☞ 掌握普通合伙企业的设立
- ☞ 掌握普通合伙企业财产
- ☞ 掌握普通合伙企业与第三人关系的规定
- ☞ 掌握普通合伙企业的入伙与退伙规定
- ☞ 掌握有限合伙企业合伙事务执行的特殊规定
- ☞ 掌握有限合伙人入伙与退伙的特殊规定
- ☞ 熟悉普通合伙企业事务执行的规定
- ☞ 熟悉有限合伙企业设立的特殊规定
- ☞ 熟悉有限合伙人财产份额出质与转让的特殊规定

【要点1】合伙企业的概念和分类（熟悉）

项目	具体内容	
概念	合伙	是指两个以上的人为着共同目的，相互约定共同出资、共同经营、共享收益、共担风险的自愿联合
	合伙企业	是指自然人、法人和其他组织依照《合伙企业法》在中国境内设立的普通合伙企业和有限合伙企业
分类	普通合伙企业	由普通合伙人组成，合伙人对合伙企业债务承担无限连带责任。 【提示】《合伙企业法》对普通合伙人承担责任的形式有特别规定的，从其规定
	有限合伙企业	由普通合伙人和有限合伙人组成，普通合伙人对合伙企业债务承担无限连带责任，有限合伙人以其认缴的出资额为限对合伙企业债务承担责任

【要点2】普通合伙企业的设立条件（掌握）

条件	要点
有两个以上合伙人	（1）合伙人可以是自然人，也可以是法人或者其他组织。 （2）合伙人为自然人的，应当具有完全民事行为能力。无民事行为能力人和限制民事行为能力人不得成为合伙企业的合伙人。 （3）国有独资公司、国有企业、上市公司以及公益性的事业单位、社会团体不得成为普通合伙人
有书面合伙协议	（1）合伙协议应当依法由全体合伙人协商一致，以书面形式订立。 （2）合伙协议应当载明下列事项：合伙企业的名称和主要经营场所的地点；合伙目的和合伙经营范围；合伙人的姓名或者名称、住所；合伙人的出资方式、数额和缴付期限；利润分配、亏损分担方式；合伙事务的执行；入伙与退伙；争议解决办法；合伙企业的解散与清算；违约责任等。 （3）合伙协议经全体合伙人签名、盖章后生效。

续表

条件	要　点
有书面合伙协议	【提示】修改或者补充合伙协议，应当经全体合伙人一致同意；但是，合伙协议另有约定的除外。合伙协议未约定或者约定不明确的事项，由合伙人协商决定；协商不成的，依照《合伙企业法》和其他有关法律、行政法规的规定处理
有合伙人认缴或者实际缴付的出资	合伙协议生效后，合伙人应当按照合伙协议的规定缴纳出资。 合伙人可以用货币、实物、知识产权、土地使用权或者其他财产权利出资，也可以用劳务出资。 【提示】合伙人以实物、知识产权、土地使用权或者其他财产权利出资，需要评估作价的，可以由全体合伙人协商确定，也可以由全体合伙人委托法定评估机构评估。合伙人以劳务出资的，其评估办法由全体合伙人协商确定，并在合伙协议中载明
有合伙企业的名称和生产经营场所	普通合伙企业应当在其名称中标明“普通合伙”字样，其中，特殊的普通合伙企业应当在其名称中标明“特殊普通合伙”字样，合伙企业的名称必须有“合伙”二字
法律、行政法规规定的其他条件	

【要点3】普通合伙企业的设立登记（掌握）

项目	要　点
申请人向企业登记机关提交相关文件	（1）全体合伙人签署的设立登记申请书。 （2）合伙协议书。 （3）全体合伙人的身份证明。 （4）全体合伙人指定的代表或者共同委托代理人的委托书。 （5）全体合伙人对各合伙人认缴或者实际缴付出资的确认书。 （6）经营场所证明。 （7）其他法定的证明文件。 【提示】合伙协议约定或者全体合伙人决定，委托一个或者数个合伙人执行合伙事务的，还应当提交全体合伙人的委托书
普通合伙企业登记、备案事项	登记事项：名称、类型、经营范围、主要经营场所、出资额、执行事务合伙人名称或者姓名，合伙人名称或者姓名、住所、承担责任方式。 【提示】执行事务合伙人是法人或者其他组织的，登记事项还应当包括其委派的代表姓名。 备案事项：合伙协议、合伙期限、合伙人认缴或者实际缴付的出资数额、缴付期限和出资方式、登记联络员、外商投资合伙企业法律文件送达接受人、合伙企业受益所有人相关信息

续表

项目	要　　点
企业登记机关核发营业执照	合伙企业的营业执照签发日期，为合伙企业的成立日期。 合伙企业领取营业执照前，合伙人不得以合伙企业名义从事合伙业务。 合伙企业设立分支机构，应当向分支机构所在地的企业登记机关申请登记，领取营业执照。合伙企业登记事项发生变更的，执行合伙事务的合伙人应当自作出变更决定或者发生变更事由之日起15日内，向企业登记机关申请办理变更登记

学习心得

【要点4】普通合伙企业财产（掌握）

项目	具体内容
财产的构成	（1）合伙人的出资，主要包括合伙人用货币、实物、知识产权、土地使用权或者其他财产权利的出资，也包括劳务出资，这些出资形成合伙企业的原始财产。 【提示】合伙企业的原始财产是全体合伙人“认缴”的财产，而非各合伙人“实际缴纳”的财产。 （2）以合伙企业名义取得的收益，主要包括合伙企业的公共积累资金、未分配的盈余、合伙企业债权、合伙企业取得的工业产权和非专利技术等财产权利。 （3）依法取得的其他财产，如合法接受的赠与财产等
财产的性质	（1）独立性，是指合伙企业的财产独立于合伙人。表现为合伙人在合伙企业清算前，不得请求分割合伙企业的财产。 （2）完整性，是指合伙企业的财产作为一个完整的统一体而存在。表现为合伙人在合伙企业清算前私自转移或者处分合伙企业财产的，合伙企业不得以此对抗善意第三人。在确认善意取得的情况下，合伙企业的损失只能向合伙人进行追索，而不能向善意第三人追索。合伙企业也不能以合伙人无权处分其财产而对善意第三人的权利要求进行对抗

续表

项目	具体内容
合伙人财产份额的转让	(1) 外部转让：除合伙协议另有约定外，合伙人向合伙人以外的人转让其在合伙企业中的全部或者部分财产份额时，须经其他合伙人一致同意。 (2) 内部转让：合伙人之间转让在合伙企业中的全部或者部分财产份额时，应当通知其他合伙人。 (3) 合伙人向合伙人以外的人转让其在合伙企业中的财产份额的，在同等条件下，其他合伙人有优先购买权；但是，合伙协议另有约定的除外。 【提示】优先购买权的前提：一是合伙人财产份额的转让没有约定的转让条件、转让范围的限制；二是优先受让的前提是同等条件。 (4) 合伙人以外的人依法受让合伙人在合伙企业中的财产份额的，经修改合伙协议即成为合伙企业的合伙人，未修改合伙协议的，不应视为“合伙企业的合伙人”
合伙人财产份额的出质	(1) 合伙人以其在合伙企业中的财产份额出质的，须经其他合伙人一致同意；未经其他合伙人一致同意，其行为无效。 (2) 合伙人可以以其在合伙企业中的财产份额作为质物。 (3) 合伙人非法出质给善意第三人造成损失的，依法承担赔偿责任

【要点5】合伙事务执行的形式（熟悉）

形式	具体内容
全体合伙人共同执行合伙事务	各个合伙人都直接参与经营，处理合伙企业的事务，对外代表合伙企业。共同执行是合伙企业经常使用的形式，合伙人较少的情况下更为适宜
委托一个或者数个合伙人执行合伙事务	委托一个或者数个合伙人执行合伙事务的，其他合伙人不再执行合伙事务
需经全体合伙人一致同意的合伙事务	除合伙协议另有约定外，合伙企业的下列事项应当经全体合伙人一致同意：（1）改变合伙企业的名称。（2）改变合伙企业的经营范围、主要经营场所的地点。（3）处分合伙企业的不动产。（4）转让或者处分合伙企业的知识产权和其他财产权利。（5）以合伙企业名义为他人提供担保。（6）聘任合伙人以外的人担任合伙企业的经营管理人员

【要点6】合伙人在执行合伙事务中的权利和义务（熟悉）

项目	具体内容
权利	（1）合伙人对执行合伙事务享有同等的权利。 （2）执行合伙事务的合伙人对外代表合伙企业。 （3）不执行合伙事务的合伙人的监督权利。 （4）合伙人查阅合伙企业会计账簿等财务资料的权利。 （5）合伙人有提出异议的权利和撤销委托的权利
义务	（1）合伙事务执行人向不参加执行事务的合伙人报告企业经营状况和财务状况。 （2）合伙人不得自营或者同他人合作经营与本合伙企业相竞争的业务。 （3）合伙人不得同本合伙企业进行交易。 （4）合伙人不得从事损害本合伙企业利益的活动

【要点7】合伙事务执行的决议办法（熟悉）

决议办法	具体内容
由合伙协议对决议办法作出约定	约定前提：一是不与法律相抵触；二是在合伙协议中作出的约定，应当由全体合伙人协商一致共同作出
实行合伙人一人一票并经全体合伙人过半数通过的表决办法	此办法的前提是，合伙协议未约定或者约定不明确的。 【提示】表决权数应以合伙人的人数为准，也即对各合伙人，无论出资多少、以何物出资，每一个合伙人对合伙企业有关事项均有同等的表决权
全体合伙人一致同意	（1）合伙人按照合伙协议的约定或者经全体合伙人决定，可以增加或者减少对合伙企业的出资。 （2）处分合伙企业的不动产、改变合伙企业的名称等（合伙协议另有约定除外）

【要点8】合伙企业的损益分配（熟悉）

项目	具体内容
合伙损益	(1) 合伙利润，是指以合伙企业的名义从事经营活动所取得的经济利益，它反映了合伙企业在一定期间的经营成果。 (2) 合伙亏损，是指以合伙企业的名义从事经营活动所形成的亏损。合伙亏损是全体合伙人所共同面临的风险也即共同承担的经济责任
分配原则	(1) 合伙企业的利润分配、亏损分担，按照合伙协议的约定办理；合伙协议未约定或者约定不明确的，由合伙人协商决定；协商不成的，由合伙人按照实缴出资比例分配、分担；无法确定出资比例的，由合伙人平均分配、分担。 (2) 合伙协议不得约定将全部利润分配给部分合伙人或者由部分合伙人承担全部亏损

【要点9】非合伙人参与经营管理（熟悉）

项目	具体规定
非合伙人参与合伙企业经营管理的法律规定	除合伙协议另有约定外，经全体合伙人一致同意，可以聘任合伙人以外的人担任合伙企业的经营管理人员。 【提示】被聘任的经营管理人员，仅是合伙企业的经营管理人员，不是合伙企业的合伙人，因而不具有合伙人的资格
被聘任的经营管理人员的职责	（1）被聘任的合伙企业的经营管理人员应当在合伙企业授权范围内履行职务。 （2）被聘任的合伙企业的经营管理人员，超越合伙企业授权范围履行职务，或者在履行职务过程中因故意或者重大过失给合伙企业造成损失的，依法承担赔偿责任

【要点10】普通合伙企业对外代表权的效力（掌握）

项目	具体内容
合伙事务执行中的对外代表权	(1) 全体合伙人共同执行合伙企业事务的，全体合伙人都有权对外代表合伙企业。 (2) 部分合伙人执行合伙企业事务的，只有受委托执行合伙企业事务的那一部分合伙人有权对外代表合伙企业，而不参加执行合伙企业事务的合伙人则不具有对外代表合伙企业的权利。 (3) 由于特别授权在单项合伙事务上有执行权的合伙人，依照授权范围可以对外代表合伙企业。 【提示】合伙人的这种代表行为，对全体合伙人发生法律效力，即其执行合伙事务所产生的收益归合伙企业，所产生的费用和亏损由合伙企业承担
合伙企业对外代表权的限制	合伙企业对合伙人执行合伙事务以及对外代表合伙企业权利的限制，不得对抗善意第三人。 【提示】当执行合伙事务的合伙人给善意第三人造成损失时，合伙企业不能因为有对合伙人执行合伙事务以及对外代表合伙企业权利的限制，就不对善意第三人承担责任

【要点11】普通合伙企业和合伙人的债务清偿（掌握）

项目	具体内容
合伙企业的债务清偿与合伙人的关系	（1）合伙企业财产优先清偿。 （2）合伙企业不能清偿到期债务的，合伙人承担无限连带责任。 【提示】无限责任是指当合伙企业的全部财产不足以偿付到期债务时，各个合伙人承担合伙企业的债务不是以其出资额为限，而是以其自有财产来清偿合伙企业的债务。连带责任是指当合伙企业的全部财产不足以偿付到期债务时，合伙企业的债权人对合伙企业所负债务，可以向任何一个合伙人主张。 （3）合伙人由于承担无限连带责任，清偿数额超过规定的其亏损分担比例的，有权向其他合伙人追偿。 【提示】合伙人之间的分担比例对债权人没有约束力。债权人可以根据自己的清偿利益，请求全体合伙人中的一人或数人承担全部清偿责任，也可以按照自己确定的清偿比例向各合伙人分别追索

续表

项目	具体内容
合伙人的债务清偿与合伙企业的关系	(1) 合伙人发生与合伙企业无关的债务，相关债权人不得以其债权抵销其对合伙企业的债务；也不得代位行使合伙人在合伙企业中的权利。 (2) 合伙人的自有财产不足清偿其与合伙企业无关的债务的，该合伙人可以其从合伙企业中分取的收益用于清偿；债权人也可以依法请求人民法院强制执行该合伙人在合伙企业中的财产份额用于清偿。 (3) 人民法院强制执行合伙人的财产份额时，应当通知全体合伙人，其他合伙人有优先购买权；其他合伙人未购买，又不同意将该财产份额转让给他人的，依照《合伙企业法》的规定为该合伙人办理退伙结算，或者办理削减该合伙人相应财产份额的结算

学习心得

【要点12】普通合伙人的入伙（掌握）

项目	具体内容
概念	是指在合伙企业存续期间，合伙人以外的第三人加入合伙，从而取得合伙人资格
入伙的条件和程序	(1) 新合伙人入伙，除合伙协议另有约定外，应当经全体合伙人一致同意，并依法订立书面入伙协议。 (2) 订立入伙协议时，原合伙人应当向新合伙人如实告知原合伙企业的经营状况和财务状况
新合伙人的权利和责任	(1) 新合伙人与原合伙人享有同等权利，承担同等责任。但是，经双方同意，也可以更优越条件或不利条件入伙。 (2) 新合伙人对入伙前合伙企业的债务承担无限连带责任

【要点13】普通合伙人的退伙（掌握）

项目		具体条件
自愿退伙	协议退伙（约定合伙期限）	（1）合伙协议约定的退伙事由出现。 （2）经全体合伙人一致同意。 （3）发生合伙人难以继续参加合伙的事由。 （4）其他合伙人严重违反合伙协议约定的义务。 【提示】合伙人违反上述规定退伙的，应当赔偿由此给合伙企业造成的损失
	通知退伙（未约定合伙期限）	（1）必须是合伙协议未约定合伙企业的经营期限。 （2）必须是合伙人的退伙不给合伙企业事务执行造成不利影响。 （3）必须提前30日通知其他合伙人。 【提示】通知退伙必须同时具备上述三项条件，缺一不可

续表

<table>
<tr><th colspan="2">项目</th><th>具体条件</th></tr>
<tr><td rowspan="2">法定退伙</td><td>当然退伙</td><td>(1) 作为合伙人的自然人死亡或者被依法宣告死亡。
(2) 个人丧失偿债能力。
(3) 作为合伙人的法人或者其他组织依法被吊销营业执照、责令关闭、撤销，或者被宣告破产。
(4) 法律规定或者合伙协议约定合伙人必须具有相关资格而丧失该资格。
(5) 合伙人在合伙企业中的全部财产份额被人民法院强制执行。
【提示】当然退伙以退伙事由实际发生之日为退伙生效日</td></tr>
<tr><td>除名</td><td>(1) 未履行出资义务。
(2) 因故意或者重大过失给合伙企业造成损失。
(3) 执行合伙事务时有不正当行为。
(4) 发生合伙协议约定的事由。
【提示】除名应经其他合伙人一致同意；对合伙人的除名决议应当书面通知被除名人；被除名人接到除名通知之日，除名生效，被除名人退伙；被除名人对除名决议有异议的，可以自接到除名通知之日起30日内，向人民法院起诉</td></tr>
</table>

续表

项目		具体条件
退伙财产继承	继承合伙人资格	合伙人死亡或者被依法宣告死亡的，对该合伙人在合伙企业中的财产份额享有合法继承权的继承人，按照合伙协议的约定或者经全体合伙人一致同意，从继承开始之日起，取得该合伙企业的合伙人资格
	成为有限合伙人	继承人为无民事行为能力人或者限制民事行为能力人的，经全体合伙人一致同意，可以依法成为有限合伙人；全体合伙人未能一致同意的，合伙企业应当将被继承合伙人的财产份额退还该继承人。 【提示】继承人成为有限合伙人的，普通合伙企业依法转为有限合伙企业
	退还被继承合伙人的财产份额	（1）继承人不愿意成为合伙人。 （2）法律规定或者合伙协议约定合伙人必须具有相关资格，而该继承人未取得该资格。 （3）合伙协议约定不能成为合伙人的其他情形
	【总结】继承人取得合伙人资格的法定条件：①有合法继承权；②有合伙协议的约定或者全体合伙人的一致同意；③继承人愿意	

续表

项目		具体条件
退伙结算	财产份额的退还	(1) 合伙人退伙，其他合伙人应当与该退伙人按照退伙时的合伙企业财产状况进行结算，退还退伙人的财产份额。 (2) 退伙人对给合伙企业造成的损失负有赔偿责任的，相应扣减其应当赔偿的数额。 (3) 退伙时有未了结的合伙企业事务的，待该事务了结后进行结算
	退还办法	退伙人在合伙企业中财产份额的退还办法由合伙协议约定或者由全体合伙人决定，可以退还货币，也可以退还实物
	企业既往债务	合伙人退伙时，合伙企业财产少于合伙企业债务的，退伙人应当依照法律规定分担亏损，合伙人退伙以后，并不能解除对于合伙企业既往债务的连带责任。 【提示】退伙人对基于其退伙前的原因发生的合伙企业债务，承担无限连带责任

【要点 14】特殊的普通合伙企业（熟悉）

<table>
<tr><th colspan="2">项目</th><th>具体内容</th></tr>
<tr><td colspan="2">概念</td><td>以专业知识和专门技能为客户提供有偿服务的专业服务机构。
特殊的普通合伙企业名称中应当标明“特殊普通合伙”字样</td></tr>
<tr><td rowspan="2">责任形式</td><td>责任承担</td><td>（1）有限责任与无限连带责任相结合。一个合伙人或者数个合伙人在执业活动中因故意或者重大过失造成合伙企业债务的，应当承担无限责任或者无限连带责任，其他合伙人以其在合伙企业中的财产份额为限承担责任。
（2）无限连带责任。对合伙人在执业活动中非因故意或者重大过失造成的合伙企业债务以及合伙企业的其他债务，全体合伙人承担无限连带责任</td></tr>
<tr><td>责任追偿</td><td>合伙人执业活动中因故意或者重大过失造成的合伙企业债务，以合伙企业财产对外承担责任后，该合伙人应当按照合伙协议的约定，对给合伙企业造成的损失承担赔偿责任</td></tr>
</table>

续表

项目		具体内容
执业风险防范	执业风险基金	是指为了化解经营风险，特殊的普通合伙企业从其经营收益中提取相应比例的资金留存或者根据相关规定上缴至指定机构所形成的资金。 【提示】用于偿付合伙人执业活动造成的债务；应当单独立户管理
	职业责任保险	是指承保各种专业技术人员因工作上的过失或者疏忽大意所造成的合同一方或者他人的人身伤害或者财产损失的经济赔偿责任的保险

【要点15】有限合伙企业设立的特殊规定（熟悉）

项目	具体内容
有限合伙企业的合伙人	(1) 除法律另有规定外，有限合伙企业由2个以上50个以下合伙人设立。 (2) 设立有限合伙企业至少应当有1个普通合伙人。 (3) 有限合伙企业仅剩有限合伙人的，应当解散；有限合伙企业仅剩普通合伙人的，应当转为普通合伙企业
有限合伙企业名称	应当标明“有限合伙”字样
有限合伙企业协议	有限合伙企业协议应当载明下列事项： (1) 普通合伙人和有限合伙人的姓名或者名称、住所。 (2) 执行事务合伙人应具备的条件和选择程序。 (3) 执行事务合伙人的权限与违约处理办法。 (4) 执行事务合伙人的除名条件和更换程序。 (5) 有限合伙人入伙、退伙的条件、程序以及相关责任。 (6) 有限合伙人和普通合伙人相互转变程序

续表

项目	具体内容
有限合伙人出资形式	可以用货币、实物、知识产权、土地使用权或者其他财产权利作价出资；不得以劳务出资
有限合伙人出资义务	有限合伙人应当按照合伙协议的约定按期足额缴纳出资；未按期足额缴纳的，应当承担补缴义务，并对其他合伙人承担违约责任
有限合伙企业登记事项	应当载明有限合伙人的姓名或者名称及认缴的出资数额

【要点16】有限合伙企业事务执行的特殊规定（掌握）

项目	具体内容
有限合伙企业事务执行人	有限合伙企业由普通合伙人执行合伙事务。有限合伙人不执行合伙事务，不得对外代表有限合伙企业
有限合伙人不视为执行合伙事务的行为	（1）参与决定普通合伙人入伙、退伙。 （2）对企业的经营管理提出建议。 （3）参与选择承办有限合伙企业审计业务的会计师事务所。 （4）获取经审计的有限合伙企业财务会计报告。 （5）对涉及自身利益的情况，查阅有限合伙企业财务会计账簿等财务资料。 （6）在有限合伙企业中的利益受到侵害时，向有责任的合伙人主张权利或者提起诉讼。 （7）执行事务合伙人怠于行使权利时，督促其行使权利或者为了本企业的利益以自己的名义提起诉讼。 （8）依法为本企业提供担保。

续表

项目	具体内容
有限合伙人不视为执行合伙事务的行为	【提示】第三人有理由相信有限合伙人为普通合伙人并与其交易的，该有限合伙人对该笔交易承担与普通合伙人同样的责任；有限合伙人未经授权以有限合伙企业名义与他人进行交易，给有限合伙企业或者其他合伙人造成损失的，该有限合伙人应当承担赔偿责任
有限合伙企业利润分配	有限合伙企业不得将全部利润分配给部分合伙人；但是，合伙协议另有约定的除外
有限合伙人权利	(1) 除合伙协议另有约定外，有限合伙人可以同本有限合伙企业进行交易。 (2) 除合伙协议另有约定外，有限合伙人可以自营或者同他人合作经营与本有限合伙企业相竞争的业务

【要点 17】有限合伙人财产份额出质与转让的特殊规定（熟悉）

项目	具体内容
有限合伙人财产份额出质	除合伙协议另有约定外，有限合伙人可以将其在有限合伙企业中的财产份额出质
有限合伙人财产份额转让	（1）有限合伙人可以按照合伙协议的约定向合伙人以外的人转让其在有限合伙企业中的财产份额，但应当提前 30 日通知其他合伙人。 （2）有限合伙人对外转让其在有限合伙企业的财产份额时，有限合伙企业的其他合伙人有优先购买权

【要点18】有限合伙人债务清偿的特殊规定（熟悉）

项目	具体内容
清偿顺序	（1）首先应当以自有财产进行清偿。 （2）自有财产不足清偿时，使用有限合伙人在合伙企业中分取的收益进行清偿。 （3）自有财产不足清偿时，债权人也可以依法请求人民法院强制执行该合伙人在有限合伙企业中的财产份额用于清偿
人民法院强制执行	（1）应当通知全体合伙人。 （2）在同等条件下，其他合伙人有优先购买权

【要点19】有限合伙人入伙与退伙的特殊规定（掌握）

<table>
<tr><th>项目</th><th colspan="2">具体内容</th></tr>
<tr><td>入伙</td><td colspan="2">新入伙的有限合伙人对入伙前有限合伙企业的债务，以其认缴的出资额为限承担责任。
【提示】普通合伙企业新入伙的合伙人对入伙前合伙企业的债务承担连带责任</td></tr>
<tr><td rowspan="2">退伙</td><td>当然退伙</td><td>（1）作为合伙人的自然人死亡或者被依法宣告死亡。
（2）作为合伙人的法人或者其他组织依法被吊销营业执照、责令关闭、撤销，或者被宣告破产。
（3）法律规定或者合伙协议约定合伙人必须具有相关资格而丧失该资格。
（4）合伙人在合伙企业中的全部财产份额被人民法院强制执行</td></tr>
<tr><td>丧失民事行为能力的处理</td><td>作为有限合伙人的自然人在有限合伙企业存续期间丧失民事行为能力的，其他合伙人不得因此要求其退伙</td></tr>
</table>

续表

项目	具体内容	
退伙	继承人的权利	作为有限合伙人的自然人死亡、被依法宣告死亡或者作为有限合伙人的法人及其他组织终止时，其继承人或者权利承受人可以依法取得该有限合伙人在有限合伙企业中的资格
	退伙后的责任承担	有限合伙人退伙后，对基于其退伙前的原因发生的有限合伙企业债务，以其退伙时从有限合伙企业中取回的财产承担责任

【要点20】普通合伙企业、有限合伙企业与有限责任公司特征比较（掌握）

项目	普通合伙企业	有限合伙企业	有限责任公司
经营管理方面	合伙人一般均可参与合伙企业的经营管理	有限合伙人不执行合伙事务，而由普通合伙人从事具体的经营管理	股东有权参与公司的经营管理（含直接参与和间接参与）
风险承担方面	合伙人之间对合伙债务承担无限连带责任	同类型的合伙人所承担的责任存在差异，其中：有限合伙人以其各自的出资额为限承担有限责任，普通合伙人之间承担无限连带责任	股东对公司债务以其各自的出资额为限承担有限责任

【要点21】普通合伙企业和有限合伙企业关于合伙人劳务出资、财产份额出质、转让、性质转变等情况的对比（熟悉）

项目	普通合伙人	有限合伙人
劳务出资	可以	不可以
出质	合伙人以其在合伙企业中的财产份额出质的，须经其他合伙人一致同意；未经其他合伙人一致同意，其行为无效，由此给善意第三人造成损失的，由行为人依法承担赔偿责任	有限合伙人可以将其在有限合伙企业中的财产份额出质；但是，合伙协议另有约定的除外
转让	除合伙协议另有约定外，合伙人向合伙人以外的人转让其在合伙企业中的全部或者部分财产份额时，须经其他合伙人一致同意；合伙人之间转让在合伙企业中的全部或者部分财产份额时，应当通知其他合伙人；在同等条件下，其他合伙人有优先购买权	可以按照合伙协议的约定向合伙人以外的人转让其在有限合伙企业中的财产份额，但应当提前30日通知其他合伙人

续表

项目	普通合伙人	有限合伙人
性质转变	普通合伙人转变为有限合伙人的，对其作为普通合伙人期间合伙企业发生的债务承担无限连带责任	有限合伙人转变为普通合伙人的，对其作为有限合伙人期间有限合伙企业发生的债务承担无限连带责任
	【提示】除合伙协议另有约定外，二者性质转变，均应经全体合伙人一致同意	

学习心得

【要点 22】合伙企业的解散（熟悉）

项目	具体内容
概念	合伙企业的解散，是指各合伙人解除合伙协议，合伙企业终止活动
解散的情形	（1）合伙期限届满，合伙人决定不再经营。 （2）合伙协议约定的解散事由出现。 （3）全体合伙人决定解散。 （4）合伙人已不具备法定人数满 30 天。 （5）合伙协议约定的合伙目的已经实现或者无法实现。 （6）依法被吊销营业执照、责令关闭或者被撤销。 （7）法律、行政法规规定的其他原因

【要点 23】合伙企业的清算（熟悉）

流程	具体规定
确定清算人	（1）由全体合伙人担任。 （2）经全体合伙人过半数同意，可以自合伙企业解散事由出现后 15 日内指定一个或者数个合伙人，或者委托第三人担任清算人。 （3）自合伙企业解散事由出现 3 日起 15 日内未确定清算人的，合伙人或者其他利害关系人可以申请人民法院指定清算人
清算人职责	（1）清理合伙企业财产，分别编制资产负债表和财产清单。 （2）处理与清算有关的合伙企业未了结事务。 （3）清缴所欠税款。 （4）清理债权、债务。 （5）处理合伙企业清偿债务后的剩余财产。 （6）代表合伙企业参加诉讼或者仲裁活动
通知和公告债权人	（1）清算人自被确定之日起 10 日内将合伙企业解散事项通知债权人，并于 60 日内在报纸上公告。 （2）债权人应当自接到通知书之日起 30 日内，未接到通知书的自公告之日起 45 日内，向清算人申报债权

续表

流程	具体规定
财产清偿顺序	(1) 首先用于支付合伙企业的清算费用。 (2) 清算费用支付后的清偿顺序为合伙企业职工工资、社会保险费用和法定补偿金→缴纳所欠税款→清偿债务。 (3) 仍有剩余时财产分配：按照合伙协议的约定办理→合伙协议未约定或者约定不明确的，由合伙人协商决定→协商不成的，由合伙人按照实缴出资比例分配→无法确定出资比例的，由合伙人平均分配
注销登记	清算结束，清算人应当编制清算报告，经全体合伙人签名、盖章后，在**15日**内向企业登记机关报送清算报告，申请办理合伙企业注销登记。 【提示】合伙企业注销后，原普通合伙人对合伙企业存续期间的债务仍应承担无限连带责任
不能清偿到期债务的处理	债权人可以依法向人民法院提出破产清算申请，也可以要求普通合伙人清偿。 【提示】合伙企业依法被宣告破产的，普通合伙人对合伙企业债务仍应承担无限连带责任

第四章　物权法律制度

- 掌握物权变动制度
- 掌握所有权取得的规定
- 掌握共有的规定
- 掌握担保物权的规定
- 掌握抵押权的规定
- 掌握质权的规定
- 掌握留置权的规定
- 熟悉物权的概念、种类和效力
- 熟悉物权的保护制度
- 熟悉相邻关系的规定
- 熟悉土地承包经营权的规定
- 熟悉建设用地使用权的规定
- 熟悉居住权的规定
- 熟悉占有的分类和保护

【要点1】物权的概念（熟悉）

项目	具体内容
界定	物权是指权利人依法对特定的物享有直接支配和排他的权利，包括所有权、用益物权和担保物权
属性	（1）物权是主体直接支配标的物的权利。 （2）物权是排他性的财产权。 （3）物权的客体具有特定性。 （4）物权的权利人是特定的，义务人不特定

【要点2】物权的客体（熟悉）

<table>
<tr><th colspan="2">项目</th><th>具体内容</th></tr>
<tr><td colspan="2">物的特征</td><td>（1）客观物质性；（2）有体性；（3）可支配性；（4）在人的身体之外</td></tr>
<tr><td rowspan="2">物的分类</td><td>动产与不动产</td><td>（1）划分标准：依据物能否移动且是否因移动而损害其价值为标准。
（2）具体类型：①不动产主要有土地、建筑物、构筑物、在建房屋、纪念碑、林木、矿藏、海域、水库、贮水池、停车位、停车库等。②动产，系指不动产之外的物，如桌子、手机、书本、汽车、船舶、航空器等</td></tr>
<tr><td>主物与从物</td><td>（1）划分标准：依据两个独立存在的物在用途上客观存在的主从关系，将物分为主物与从物。同属一人所有的两个独立存在的物，结合起来才能发挥效用的，构成主物与从物关系，如机器与配套的维修工具、电视机与遥控器等。
（2）具体类型：①主物，是指独立存在，与他物结合使用中有主要效用的物；②从物，指在两个独立物结合使用中处于附属地位、起辅助和配合作用的物。在机器与维修工具中，机器是主物，维修工具是从物。
（3）划分意义：除法律有特别规定或当事人另有约定，对于主物的处分，及于从物</td></tr>
</table>

续表

项目	具体内容	
物的分类	原物与孳息	（1）划分标准：依据两物之间存在的原有物产生新物的来源关系。 （2）具体类型：①原物，是指依其自然属性或法律规定产生新物的物。②孳息，指原物产生的物，包括：a. 天然孳息，是指果实、动物的出产物及其他按照物的利用方法所获得的出产物，如香蕉、鸡蛋等；b. 法定孳息，是指原物依法律关系所获得的物，如利息、股利、租金等。 （3）划分意义：确定孳息的归属。天然孳息，由所有权人取得；既有所有权人又有用益物权人的，由用益物权人取得。当事人另有约定的，按照其约定。法定孳息，当事人有约定的，按照约定取得；没有约定或者约定不明确的，按照交易习惯取得
	可分物与不可分物	（1）划分标准：依据物是否因实物分割而变更其性质或减损其价值。 （2）具体类型：①可分物，是指经实物分割后，不改变其性质且不减损其价值的物。②不可分物，是指因实物分割将改变其性质或减损其价值的物。 （3）划分意义：①共有物的分割。可分共有物可采用实物分割，不可分共有物只能采取变价分割或作价补偿等方法。②确定债的关系。对于给付标的物是不可分物的多数人之债，多数债权人或债务人通常连带地享有债权或承担债务；反之，如果给付标的物为可分物，多数债权人或债务人可以形成按份之债

【要点3】物权法定主义（熟悉）

项目	具体内容
概念	物权的类型以及各类型的内容，均以民法或其他法律所规定的为限，而不许当事人任意创设
要求	（1）类型法定：当事人不得创设民法或其他法律所不承认的物权类型。因为物权类型法定，当事人可以设立的物权主要限于《民法典》所确认的类型。 （2）内容法定：当事人不得创设与物权法定内容相异的内容。但物权内容法定，不是指物权的所有内容都只能由法律规定，而是指影响某种物权基本属性与结构的主要内容需由法律规定；对于其他内容，当事人仍有一定的自由空间。 【提示】由于物权是具有对抗第三人效力的对世权，所以，不容许当事人任意创设多种多样的物权；而债权只具有相对性效力，原则上不能对抗第三人，尊重当事人的意思自治

【要点4】物权的分类（熟悉）

分类	分类标准	区分意义
自物权与他物权	根据权利人是对自有物享有物权还是对他人所有之物享有物权为标准，物权可分为自物权与他物权	（1）自物权有全面、自主的支配力；（2）他物权仅具有某些方面的、特定的支配力
动产物权与不动产物权	根据物权的标的是动产或不动产，物权可分为动产物权与不动产物权	动产以“占有”为公示方法，以“交付”为变动要件，不动产则以“登记”为公示方法与变动要件
用益物权与担保物权	根据限制物权以其所支配的内容为标准，物权可分为用益物权与担保物权	用益物权，是指以支配标的物的使用价值为内容的物权。 担保物权，是指以支配标的物的交换价值为内容的物权
其他	物权的分类还有：登记物权与不登记物权、意定物权与法定物权、主物权与从物权、有期限物权与无期限物权、民法上物权与特别法上物权等	

【要点5】物权的效力（熟悉）

项目	具体内容
优先效力	（1）物权相互间的优先效力。 原则上应以物权成立时间的先后为标准，即“时间在先，权利在先”原则。 【提示】“时间在先，权利在先”原则存在例外：①限制物权优先于所有权；②法律的特别规定。 （2）物权优先于债权的效力。 物权存在于某标的物上，而债权请求的内容也指向该物而与物权发生冲突时，无论物权成立于债权之前或之后，物权均具有优先于债权的效力。 【提示】物权优先于债权的例外：①买卖不破租赁；②先租后抵；③经预告登记的债权
追及效力	物权的追及效力，是指物权设立后，其标的物不论辗转至何人之手，物权人都有权追及标的物之所在而直接支配该物的效力
妨害排除力	物权的妨害排除力，是指排除他人妨害，恢复物权人对物正常支配的效力

【要点6】物权变动概述（掌握）

项目	具体内容
物权变动的概念	物权变动，是指物权的发生、变更、消灭；从物权主体角度而言，对应为物权的取得、变更、丧失
物权的发生	物权的发生，是指物权与特定主体的结合；对特定物权人而言，即为物权的取得。物权的取得分为原始取得与继受取得。 （1）原始取得，指非依据他人既存的权利而独立取得物权，又称物权的固有取得或物权的绝对发生。 物权标的物上原存有的一切负担，均因原始取得而归于消灭。 （2）继受取得，指基于他人既存的权利而取得物权，又称物权的传来取得、物权的相对发生。 物权标的物上的一切权利负担，均继续存在，由取得人承受。 继受取得，以继受方法的不同为标准，可分为：①移转继受取得，是指就他人既有的物权，依其原状移转而取得，实即物权主体的变更；②创设继受取得，是指以既存物权人的权利为基础，创设限制物权而取得

续表

项目	具体内容
物权的变更	《民法典》中物权的变更是指狭义的变更，仅指物权的客体、内容的部分改变
物权的消灭	物权的消灭，是指物权与其主体相分离。就物权主体而言，即为物权的丧失。物权的消灭分为绝对消灭和相对消灭。 （1）绝对消灭，指因标的物灭失而物权自身不存在。物权以物为客体，物灭失，则以物为基础的物权彻底地消灭。 （2）相对消灭，指物权与原主体相分离，但物权本身并未消灭，实为物权主体的变更
物权变动的原因	物权变动的原因，是指引起物权发生、变更、消灭的法律事实，包括： （1）引起物权变动的法律行为，主要有买卖、互换、赠与、遗赠，以及设定、变更、终止他物权的各种法律行为。 【提示】仅有这些法律行为通常还不足以直接引发物权变动。依据《民法典》的规定，动产物权变动另需有动产的交付才能生效；不动产物权变动还需要有相应的登记才会生效。 （2）法律行为之外的法律事实，主要有添附、法定继承、无主物的取得、善意取得，以及征用、没收、罚款等

【要点7】物权变动的原则（掌握）

项目	具体内容
公示原则	公示原则，是指物权变动行为须以法定公示方式进行才能生效的原则。物权变动经公示的，发生权利变动的效力，即产生物权取得、变更、丧失的后果，并受法律保护；不公示的，不能发生物权变动的效力。 法定公示方法，在动产物权变动，是指“交付”，即动产占有的移转；变动之后，动产物权的公示方法则为“占有”。在不动产物权变动，是指“登记”，即在国家主管机关登记变动事项。 【提示】关于不动产物权变动，登记生效为一般性原则，但存在法律规定的如下例外：（1）在具体规则设计上，土地承包经营权、地役权的设定，以登记为对抗要件而非生效要件。（2）非因法律行为而取得不动产物权的，不以登记为生效要件。（3）依法属于国家所有的自然资源，所有权可以不登记
公信原则	公信原则，是指物权变动以登记、交付为公示方法，即使此表征与真实的权利不符，对于信赖此公示方法而为交易的善意第三人，法律应对其信赖予以保护

【要点8】不动产物权变动（掌握）

项目	具体内容
界定	不动产物权变动，有的基于法律行为而发生，有的基于法律行为之外的原因而引起
基于法律行为而发生的不动产物权变动	不动产物权变动的公示方法——登记。 不动产物权变动原则上以登记为生效要件，法律另有规定的除外
	不动产物权登记的具体类型。 （1）总登记。 总登记，是指登记机构对特定行政管辖区域内所有不动产进行的全部登记，包括土地总登记和建筑物所有权的第一次登记。 （2）首次登记。 首次登记，又称初始登记，是指不动产物权的第一次登记。未经办理不动产首次登记，不得办理不动产其他类型的登记，法律、行政法规另有规定的除外。 （3）他项权利登记。 他项权利登记，又称他物权登记，如在不动产上创设建设用地使用权、地役权、抵押权等。

续表

项目	具体内容
基于法律行为而发生的不动产物权变动	（4）转移登记。 转移登记，俗称过户登记，是指不动产物权从转让人转移至受让人所办理的登记。转移登记是不动产物权移转的生效要件。 （5）变更登记。 本书对变更登记采狭义说，是指不动产物权的分割、合并和增减时进行的登记。 （6）更正登记。 更正登记，是指对不正确的不动产登记内容进行更正的登记。权利人、利害关系人认为不动产登记簿记载的事项错误的，可以申请更正登记。 （7）异议登记。 异议登记，是指登记机构就利害关系人对于不动产登记簿登记事项的异议进行的登记。异议登记一经完成，即中止不动产登记权利的推定效力和公信力，第三人因此不得依据登记的公信力主张善意取得登记的不动产物权。 异议登记只是一种临时性保护措施，并非纠纷的最终解决路径。所以，登记机构进行异议登记后，申请人须自异议登记之日起15日内向人民法院提起诉讼，以解决不动产物权纠纷。逾期不起诉的，异议登记失效。 （8）预告登记。 预告登记，是指为保全关于不动产物权的请求权而将此请求权进行的登记。预告登记具有否定其后于债权标的物上成立的相冲突物权的效力。

续表

项目	具体内容
基于法律行为而发生的不动产物权变动	预告登记附属于其旨在保全的债权。预告登记后，债权消灭或者自能够进行不动产登记之日起90日内未申请登记的，预告登记失效。 （9）注销登记。 注销登记，又称涂销登记，是指不动产上的他项权利因抛弃、存续期间届满、债务清偿、法院判决等原因而消灭时，不动产登记机构基于登记权利人的申请进行注销不动产权利的登记
非基于法律行为而发生的不动产物权变动	（1）因法律文书或者征收决定等而发生不动产物权变动。 因人民法院、仲裁机构的法律文书或者人民政府的征收决定等，导致物权设立、变更、转让或者消灭的，自法律文书或者征收决定等生效时发生效力。 （2）因继承而发生不动产物权变动。 因继承取得物权的，自继承开始时发生效力。 （3）因合法建造、拆除房屋等事实行为而发生不动产物权变动。 因合法建造、拆除房屋等事实行为设立或者消灭物权的，自事实行为成就时发生效力

【要点9】动产物权变动（掌握）

项目	具体内容
界定	动产物权变动同样可以区分为基于法律行为而发生和非基于法律行为而发生两种情形。动产物权变动，除了买卖、赠与、互换等旨在引发物权变动的法律行为外，原则上以交付为生效要件，但法律另有规定的除外
动产物权变动的一般公示方法——交付	交付，是物的出让人以物权变动为目的，把自己占有的物或物权证书交给受让人占有的行为。交付分为现实交付与观念交付。 （1）现实交付。 现实交付表现为当事人双方形成合意后，物的出让人将出让之物实际交受让人占有。 （2）观念交付。 观念交付与现实交付具有相同的效力。观念交付分为以下几种： ①简易交付：动产物权的受让人或其代理人因合同业已占有出让人的出让物的，出让人与受让人或其代理人形成物权转让合意时，交付即为完成。

续表

项目	具体内容
动产物权变动的一般公示方法——交付	②指示交付：出让人的出让动产被第三人占有的，出让人将返还请求权让与受让人，并告知占有人向受让人交付该动产，即为指示交付，又称“返还请求权之让与”。 ③占有改定：出让人在转让物权后仍须继续占有转让动产的，出让人与受让人订立合同，使出让人由原来的所有人的占有改变为非所有人的占有，而受让人已取得物权，但将占有权交由出让人行使一段时间，在约定的期限届满时，出让人再按约定将该动产交还受让人直接占有
动产物权变动公示的特别规定	（1）动产抵押。 以动产抵押的，抵押权自抵押合同生效时设立；未经登记，不得对抗善意第三人。 （2）机动车、船舶、航空器等特殊动产的物权变动。 船舶、航空器和机动车等的物权的设立、变更、转让和消灭，未经登记，不得对抗善意第三人

【要点 10】物权的保护（熟悉）

项目	具体内容
物权请求权	物权请求权，是指物权人于其物权受到侵害或有被侵害的危险时，基于物权而请求侵害者为或不为一定行为，以恢复物权圆满状态的权利
标的物返还请求权	标的物返还请求权，是指物权人对于无权占有标的物之人，可以请求返还该物的权利
妨害排除请求权	妨害排除请求权以妨害的存在为前提。妨害，是指以占有侵夺与占有扣留以外的方法阻碍或侵害物权的支配可能性。 妨害行为表现形式多样，包括但不限于：（1）妨害他人所有权的行使；（2）可量物或不可量物的侵入；（3）未经授权使用他人之物；（4）对物之实体的侵害
消除危险请求权	消除危险请求权，又称妨害防止请求权，是指物权人对于有妨害其物权的危险情形，可以请求予以消除的权利

【要点11】拾得遗失物（掌握）

项目	具体内容
遗失物的界定	遗失物，是指非基于占有人的意思而丧失占有，现又无人占有且非为无主的动产
拾得遗失物的法律效果	（1）拾得遗失物，应当返还权利人。拾得人应当及时通知权利人领取，或者送交公安等有关部门。 （2）有关部门收到遗失物，知道权利人的，应当及时通知其领取；不知道的，应当及时发布招领公告。公告期为1年。 （3）拾得人在遗失物送交有关部门前，有关部门在遗失物被领取前，应当妥善保管遗失物。因故意或者重大过失致使遗失物毁损、灭失的，应当承担民事责任。

续表

项目	具体内容
拾得遗失物的法律效果	(4) 权利人领取遗失物时，应当向拾得人或者有关部门支付保管遗失物等支出的必要费用。权利人悬赏寻找遗失物的，领取遗失物时应当按照承诺履行义务。拾得人侵占遗失物的，无权请求保管遗失物等支出的费用，也无权请求权利人按照承诺履行义务。所谓拾得人侵占遗失物，是指拾得人在返还请求权人提出返还请求后无正当理由拒绝返还遗失物或对于遗失物无权处分的情形。 (5) 遗失物自发布招领公告之日起 1 年内无人认领的，归国家所有
拾得漂流物、发现埋藏物或者隐藏物情形的参照适用	拾得漂流物、发现埋藏物或者隐藏物的，参照适用拾得遗失物的有关规定。法律另有规定的，依照其规定。 漂流物，是指所有权人不明，漂流于江、河、湖、海、溪、沟上的物品。 埋藏物，是指包藏于他物之中，而其所有权人不明之动产。该物须埋藏于他物（多为土地）之中，通常不易自外部认定其存在之状态。 隐藏物，是指放置于隐蔽的场所，不易被发现的物

【要点12】善意取得（掌握）

项目	具体内容
概念	动产或不动产让与人与受让人间，以移转所有权为目的，由让与人将动产交付或将不动产移转登记于受让人，即使让与人无移转所有权的权利，受让人以善意受让时，仍可取得其所有权之情形。 【提示】当事人善意取得其他物权的，参照适用有关所有权善意取得的规定
要件	(1) 让与人无权处分。 (2) 受让人自无处分权人取得占有或接受转移登记。根据物权变动的公示方法，原则上，不动产的转让应当登记，动产转让不需要登记，但需要交付给受让人。 【提示】转让人将船舶、航空器和机动车等交付给受让人的，应当认定符合善意取得的条件。 (3) 受让人以合理的价格有偿受让。“合理的价格”，应当根据转让标的物的性质、数量以及付款方式等具体情况，参考转让时交易地市场价格以及交易习惯等因素综合认定。在善意取得构成判断中，价格是否合理，通常是推断受让人是否善意的参考因素。

续表

项目	具体内容
要件	(4) 受让人善意。善意，是指非因重大过失而不知让与人无让与的权利。相反，若受让人明知或因重大过失而不知让与人无让与的权利，则受让人非为善意，而属恶意，不得主张善意取得的法律效果。权利人应承担主张受让人不构成善意的举证证明责任
法律效果	(1) 受让人取得动产或不动产的所有权，但善意受让人在受让动产时知道或者应当知道动产上存在抵押权等负担的，这些负担继续存在于该动产之上。(2) 原所有权人可向让与人主张损害赔偿。受让人善意取得不动产或者动产的所有权的，原所有权人有权向无处分权人请求损害赔偿
遗失物被无权处分的特别规定	(1) 原所有权人自知道或者应当知道受让人之日起 2 年内，可以向受让人请求返还原物，但若未向受让人请求返还原物，受让人取得遗失物所有权。(2) 受让人通过拍卖或者向具有经营资格的经营者购得该遗失物的，权利人请求返还原物时应当支付受让人所付的费用。(3) 权利人向受让人支付所付费用后，有权向无处分权人追偿

【要点13】添附（掌握）

项目	具体内容
概念	添附，是指不同所有权人的物因结合或因加工而形成不可分割的物或具有新质的物，由于恢复原状之不可能或不合理而由一所有人取得或数所有人共同取得该物所有权，并由取得人对于他方因此所受的损失予以补偿
种类	（1）附合，是指不同所有权人的物因密切结合而形成难以分割的新物，若分割会毁损该物或花费较大。附合的认定，关键在于形成的新物难以分割。 （2）混合，是指两个或两个以上不同所有权人的动产相互混杂合并，不能识别或识别所需费用过大，因而发生所有权变动的法律事实。 （3）加工，是指在他人的物上进行劳作或改造，从而使其具有更高价值的活动
法律效果	因加工、附合、混合而产生的物的归属，有约定的，按照约定；没有约定或者约定不明确的，依照法律规定；法律没有规定的，按照充分发挥物的效用以及保护无过错当事人的原则确定。因一方当事人的过错或者确定物的归属造成另一方当事人损害的，应当给予赔偿或者补偿

【要点 14】共有（掌握）

项目	具体内容
概念	共有，是指两个以上的人对于同一物的共同所有。 共有，并非在一物之上成立两个以上所有权，其法律构造是：一物之上成立一个所有权，该所有权由多个共有人共同享有
按份共有	（1）按份共有的概念：数人按其应有份额，对于一物，共同享有所有权的形态。按份共有，自共有关系确立时起，各共有人即已确定自己的共有权利份额。 （2）按份共有的对内效力：①共有物的用益、处分与管理。因共有物属于多个共有人共有，所以，对于共有物的用益、处分与管理，任一共有人无权单独自主实施，原则上须遵循共有人的约定或法律的规定。②共有份额的处分。按份共有人，可以自由处分其共有份额，除非共有人之间另有约定。共有人对其份额的处分只能是法律上的处分，多表现为权利份额分割、转让、抛弃或于份额上设定担保物权等。关于共有份额的转让，按份共有人可以转让其享有的共有的不动产或者动产份额。其他共有人在同等条件下享有优先购买的权利。

续表

项目	具体内容
按份共有	【提示】优先购买权行使的基本前提是：按份共有人向共有人之外的人转让其份额。若是按份共有人之间转让共有份额，其他按份共有人不得主张优先购买，但按份共有人之间另有约定的除外。同时，按份共有人转让其享有的共有的不动产或者动产份额时，其他按份共有人以其优先购买权受到侵害为由，仅请求撤销共有份额转让合同或者认定该合同无效，不属于行使优先购买权，不予支持。两个以上其他共有人主张行使优先购买权的，协商确定各自的购买比例；协商不成的，按照转让时各自的共有份额比例行使优先购买权。 (3) 按份共有的对外效力：对外效力涉及共有人与共有人之外的第三人之间的权利义务关系。根据《民法典》第三百零七条的规定，因共有的不动产或者动产产生的债权债务，在对外关系上，共有人享有连带债权、承担连带债务，但是法律另有规定或者第三人知道共有人不具有连带债权债务关系的除外
共同共有	(1) 共同共有的意义：共有人平等和不分份额地享有共有权的共有形态。共同共有以共同关系为前提；共同共有是按份共有之外的另一种共有形态；共同共有的共有人在共有期间平等地享有权利和承担义务。

续表

项目	具体内容
共同共有	（2）共同共有的类型。 社会生活中，常见的共同共有的形态主要有：夫妻共有财产、家庭共有财产、共同继承的财产。 共有人对共有的不动产或者动产没有约定为按份共有或者共同共有，或者约定不明确的，除共有人具有家庭关系等外，视为按份共有。 （3）共同共有的效力。 ①对内效力。共同共有人的权利，及于共有物全部。对于共有物的使用与管理，除法律另有规定或合同另有约定外，应经全体共有人同意。各共有人仅在共有的基础丧失或者有重大理由需要分割时可以请求分割，各共有人亦无转让权，但共有人另有约定的除外。 ②对外效力。只有依全体共有人的共同意思，对共有物的处分行为才能发生对外效力。当然，法律保护第三人的善意取得。因共有的不动产或者动产产生的债权债务，共同共有人享有连带债权、承担连带债务，但法律另有规定或者第三人知道共有人不具有连带债权债务关系的除外
区分所有	建筑物区分所有权，是指由区分所有建筑物的专有部分所有权（专有权）、共有部分共有权（共有权）以及因区分所有建筑物共同关系所生的成员权（共同管理权）共同构成的特别所有权

【要点 15】相邻关系（熟悉）

项目	具体内容
概念	指相邻各方在对各自所有或使用的不动产行使所有权或使用权时，因相互间依法应当给予对方方便或接受限制而发生的权利义务关系
性质	属于所有权内容之限制或扩张，实为所有权社会化的具体表现
法律规定	不动产权利人因建造、修缮建筑物以及铺设电线、电缆、水管、暖气和燃气管线等必须利用相邻土地、建筑物的，该土地、建筑物的权利人应当提供必要的便利
具体包括	避免邻地地基动摇或其他危险的相邻关系；相邻用水与排水关系；相邻必要通行关系；相邻管线铺设关系；因建造建筑物利用邻地的关系；不得影响相邻方通风、采光、日照的关系；固体污染物、不可量物不得侵入的相邻关系等

【要点16】土地承包经营权（熟悉）

项目	内　　容
概述	土地承包经营权，是指以种植、养殖、畜牧等农业目的，对集体经济组织所有或国家所有由农民集体使用的农用土地依法享有的占有、使用、收益的权利。 （1）土地承包经营权的主体只能是农业经营者；（2）土地承包经营权的客体是耕地、林地、山岭、草原、荒地、滩涂、水面等不动产；（3）土地承包经营权的内容是权利人在他人土地上为农业性质的耕作、养殖、畜牧等用益。 【提示】土地承包经营权的存续有具体期限
取得	（1）根据土地承包经营权合同设定而取得。 土地承包经营权自土地承包经营权合同生效时设立。农业集体经济组织作为发包方，集体经济组织内的农户作为承包方，双方就权利的客体、内容、期限以及其他相关权利义务协商一致，订立书面合同。合同生效时，承包人即取得承包经营权。 （2）通过土地承包经营权的互换、转让而取得。 土地承包经营权人依照法律规定，有权将土地承包经营权互换、转让。互换、转让的对象只能是本集体经济组织成员。互换需进行备案，转让需要得到发包方的同意。土地承包经营权互换、转让的，当事人可以向登记机构申请登记；未经登记，不得对抗善意第三人。

续表

项目	内　　容
取得	(3) 通过招标、拍卖、公开协商等方式而取得。 以这种方式取得土地承包经营权，其客体主要限于“四荒”土地，即荒山、荒沟、荒丘、荒滩，其承包人不限于本集体经济组织成员
流转	(1) 土地经营权流转，是指在不改变土地所有权性质（国有或集体所有）和土地农业用途的前提下，原承包方依法将经营权或从经营权中分离出来的部分权利移转给他人的法律行为。 (2) 流转的原则要求：土地经营权的流转应遵循平等自愿原则；土地经营权的流转，不得改变土地所有权性质和农业用途；土地经营权流转的期限不得超过承包期的剩余期限；流转受让方须有农业经营能力，但不限于本集体经济组织成员。 (3) 流转的具体规定：土地承包经营权人可自主决定依法采取出租、入股或其他方式向他人流转土地经营权。流转期限为 5 年以上的土地经营权，自流转合同生效时设立。当事人可以向登记机构申请土地经营权登记；未经登记不得对抗善意第三人

【要点 17】建设用地使用权（熟悉）

项目	具体内容
概述	建设用地使用权，是指以在他人土地上拥有建筑物、构筑物及其附属设施为目的，而使用其土地的权利。 （1）建设用地使用权是存在于国家或集体所有土地之上的权利。 （2）建设用地使用权以建造以及保存建筑物或其他工作物为目的。 （3）建设用地使用权是有期限的权利。 【提示】建筑物，是指定着于土地上或地面下，具有顶盖、墙垣，足以避风雨供人起居出入的构造物。其他工作物，是指建筑物以外，在土地上空、地表与地下的一切设备而言，如深水井、堤防等防水、引水或蓄水的建造物；桥梁、隧道、高架陆桥等交通设备；以及纪念碑、铁塔、电线杆等
取得	（1）通过划拨方式取得建设用地使用权。 土地划拨，是指建设用地使用权人只需按照一定程序提出申请，经主管机关批准即可取得建设用地使用权，而无须向土地所有人支付租金及其他费用。 【提示】土地划拨具有如下特点：①公益性。依此方式取得建设用地使用权，主要是国家机关、国防等公益事业用地。②无偿性。③取得的土地使用权的转让受到限制。只有依法办理相关手续并缴足土地出让金后，才可转让。④无期限性。⑤行政性。即须经严格的行政审批程序，才可划拨。

续表

项目	具体内容
取得	(2) 通过出让方式取得建设用地使用权。 建设用地使用权出让，是指国家以土地所有人的身份，以出让合同方式，将建设用地使用权在一定年限内让与土地使用者，向土地使用者依法收取土地使用权出让金的法律行为。 土地使用权出让，依法须订立书面出让合同，应向登记机构申请建设用地使用权登记。建设用地使用权自登记时设立。登记机构应当向建设用地使用权人发放权属证书。 (3) 建设用地使用权移转。 建设用地使用权移转，是指建设用地使用权人在其权利有效年限范围内，将其受让的建设用地使用权依法移转给第三人的法律行为。 建设用地使用权移转，同样须订立书面合同，并办理过户的登记。登记是建设用地使用权移转的生效条件
效力	(1) 建设用地使用权人的权利。 占有使用土地；权利处分，如转让、抵押、出租、互换、赠与、出资；附属行为，如修筑围墙、养殖、种植花木等；取得地上建筑物、构筑物及其附属设施的补偿。 (2) 建设用地使用权人的义务。 支付土地使用费；合理使用土地；归还土地、恢复土地的原状

【要点18】居住权（熟悉）

项目	具体内容
概念	居住权，是指按照合同约定，为了满足生活居住的需要，对他人所有的住宅得以占有、使用并排除房屋所有权人干涉的用益物权
设立	当事人设立居住权，应当采用书面形式订立居住权合同，也可以以遗嘱方式设立居住权。居住权不得转让、继承。设立居住权的，应当向登记机构申请居住权登记。居住权自登记时设立。 居住权无偿设立，但是当事人另有约定的除外。设立居住权的住宅不得出租，但是当事人另有约定的除外
消灭	居住权期限届满或者居住权人死亡的，居住权消灭。居住权消灭的，应当及时办理注销登记

【要点 19】担保物权概述（掌握）

项目	内　　容
含义	担保物权，是指以确保债务清偿为目的，在债务人或第三人所有之物或权利上所设定的，以取得担保作用之限制物权。担保物权人在债务人不履行到期债务或者发生当事人约定的实现担保物权的情形，依法享有就担保财产优先受偿的权利。 第三人为债务人向债权人提供担保的，可以要求提供反担保。反担保又称为“求偿担保”，是指在经济交往中，为了换取担保人提供保证、抵押或质押等担保方式，由债务人或第三人向该担保人新设担保，以担保该担保人承担担保责任后实现其追偿权的制度。反担保人可以是债务人，也可以是债务人之外的其他人。反担保方式可以是债务人提供的抵押或者质押，也可以是其他人提供的保证、抵押或者质押
特性	（1）从属性。担保物权需从属于被担保的债权而存在，其成立以债权成立为前提，并因债权移转而移转，因债权消灭而消灭，此为担保物权的从属性。

续表

项目	内　容
特性	(2) 不可分性。被担保的债权在未受全部清偿前，担保物权人可就担保物的全部行使其权利，称为担保物权的不可分性。不可分性可强化担保物权的担保功能，其包含两方面：①被担保的债权即使被分割、部分清偿或消灭，担保物权仍为担保各部分的债权或余存的债权而存在。②担保标的物即使被分割或部分灭失，分割后各部分或余存的部分担保物，仍为担保全部债权而存在。 (3) 物上代位性。担保物毁损、灭失或者被征收等，其交换价值转化为其他形态的物时，担保物权的效力及于该物，此即担保物权的物上代位性。根据担保期间，担保财产毁损、灭失或者被征收等，担保物权人可以就获得的保险金、赔偿金或者补偿金等优先受偿。被担保债权的履行期限未届满的，也可以提存该保险金、赔偿金或者补偿金等。 (4) 补充性。担保物权一经成立，即补充了主债权债务人之间债的关系的效力，增强了债权人的债权得以实现的可能。但只有在债务人不履行到期债务或者发生当事人约定的实现担保物权的情形，担保物权补充性的担保功能才会发动，保障债权的实现

续表

项目	内　　容
担保合同的无效	(1) 机关法人提供担保的，担保合同无效，但是经国务院批准为使用外国政府或者国际经济组织贷款进行转贷的除外。 (2) 居民委员会、村民委员会提供担保的，担保合同无效，但是依法代行村集体经济组织职能的村民委员会，依照《村民委员会组织法》规定的讨论决定程序对外提供担保的除外。 (3) 以公益为目的的非营利性学校、幼儿园、医疗机构、养老机构等提供担保的，担保合同无效，但是有下列情形之一的除外：①在购入或者以融资租赁方式承租教育设施、医疗卫生设施、养老服务设施和其他公益设施时，出卖人、出租人为担保价款或者租金实现而在该公益设施上保留所有权。②以教育设施、医疗卫生设施、养老服务设施和其他公益设施以外的不动产、动产或者财产权利设立担保物权
担保合同无效的法律责任	主合同有效而第三人提供的担保合同无效，人民法院应当区分不同情形确定担保人的赔偿责任：(1) 债权人与担保人均有过错的，担保人承担的赔偿责任不应超过债务人不能清偿部分的1/2。(2) 担保人有过错而债权人无过错的，担保人对债务人不能清偿的部分承担赔偿责任。(3) 债权人有过错而担保人无过错的，担保人不承担赔偿责任。

续表

项目	内容
担保合同无效的法律责任	主合同无效导致第三人提供的担保合同无效，担保人无过错的，不承担赔偿责任；担保人有过错的，其承担的赔偿责任不应超过债务人不能清偿部分的1/3

学习心得

【要点 20】抵押权（掌握）

项目	内　　容
抵押权概述	抵押权，是指为担保债务的履行，债务人或者第三人不转移财产的占有，将该财产作为债权的担保，债务人不履行到期债务或者发生当事人约定的实现抵押权的情形，债权人有权就该财产优先受偿的权利
抵押合同	设立抵押权，当事人应当采取书面形式订立抵押合同。抵押合同一般包括下列条款：（1）被担保债权的种类和数额；（2）债务人履行债务的期限；（3）抵押财产的名称、数量等情况；（4）担保的范围；（5）当事人认为需要约定的其他事项。 【提示】抵押人在债务履行期届满前，与抵押人约定债务人不履行到期债务时抵押财产归债权人所有的，这种条款称为“流押条款”。当事人在抵押合同中约定流押条款的，债务人不履行到期债务时，抵押权人并不能直接取得抵押财产的所有权，只能依法就抵押财产优先受偿

续表

项目	内容
抵押财产	(1) 可以设立抵押权的财产。 债务人或者第三人有权处分的下列财产可以抵押：①建筑物和其他土地附着物；②建设用地使用权；③海域使用权；④生产设备、原材料、半成品、产品；⑤正在建造的建筑物、船舶、航空器；⑥交通运输工具；⑦法律、行政法规未禁止抵押的其他财产。 【提示】抵押人可以将上述所列财产一并抵押。 (2) 不得设立抵押权的财产。 ①土地所有权。②宅基地、自留地、自留山等集体所有的土地使用权，但法律规定可以抵押的除外。③学校、幼儿园、医疗机构等为公益目的成立的非营利法人的教育设施、医疗卫生设施和其他公益设施。④所有权、使用权不明或者有争议的财产。⑤依法被查封、扣押、监管的财产。⑥法律、行政法规规定不得抵押的其他财产。 【提示】①当事人以所有权、使用权不明或者有争议的财产抵押，符合善意取得要件的，仍可基于善意取得制度取得抵押权。②已经设定抵押的财产被采取查封、扣押等财产保全或执行措施的，不影响抵押权的效力。

续表

项目	内　　容
抵押财产	（3）关于抵押财产的其他规定。 ①以建筑物抵押的，该建筑物占用范围内的建设用地使用权一并抵押。以建设用地使用权抵押的，该土地上的建筑物一并抵押。抵押人未将前述财产一并抵押的，未抵押的财产视为一并抵押。②以违法的建筑物抵押的，抵押合同无效，但是一审法庭辩论终结前已经办理合法手续的除外。③抵押人以划拨建设用地上的建筑物抵押，当事人以该建设用地使用权不能抵押或者未办理批准手续为由主张抵押合同无效或者不生效的，人民法院不予支持。当事人以划拨方式取得的建设用地使用权抵押，抵押人以未办理批准手续为由主张抵押合同无效或者不生效的，人民法院不予支持。已经依法办理抵押登记，抵押权人主张行使抵押权的，人民法院应予支持。④乡镇、村企业的建设用地使用权不得单独抵押。以乡镇、村企业的厂房等建筑物抵押的，其占用范围内的建设用地使用权一并抵押。实现抵押权后，未经法定程序，不得改变土地所有权的性质和土地用途。⑤以集体所有土地的使用权依法抵押的，实现抵押权后，未经法定程序，不得改变土地所有权的性质和土地用途

续表

项目	内　容
抵押登记	（1）以登记为生效要件的抵押。 以建筑物和其他土地附着物、建设用地使用权、海域使用权、正在建造的建筑物设定抵押的，应当办理抵押登记，抵押权自登记时起设立。 抵押登记记载的内容与抵押合同约定的内容不一致的，以登记记载的内容为准。以尚未办理权属证书的财产抵押的，只要当事人在一审法庭辩论终结前能够提供权利证书或者补办登记手续的，法院可以认定抵押有效。 （2）以登记为对抗要件的抵押。 当事人以生产设备、原材料、半成品、产品、交通运输工具和正在建造的船舶、航空器抵押或其他动产设定抵押，抵押权自抵押合同生效时设立；抵押权未经登记，不得对抗善意第三人。总结而言，凡是属于动产抵押的，均以登记为对抗要件
抵押权的效力	（1）抵押担保的范围包括主债权及利息、违约金、损害赔偿金和实现抵押权的费用。抵押合同另有约定的，按照约定。 （2）抵押权效力所及的标的物的范围。 该标的物的范围，除了抵押物本身外，尚有以下问题需要关注：

续表

项目	内　　容
抵押权的效力	①抵押物所生孳息。孳息的清偿顺序为：a. 充抵收取孳息的费用；b. 主债权的利息；c. 主债权。 ②从物。从物产生于抵押权依法设立前，抵押权的效力及于从物；从物产生于抵押权依法设立后，抵押权的效力不及于从物。 ③添附物。a. 抵押权依法设立后，抵押财产被添附，添附物归第三人所有的，抵押权效力及于抵押人应获得的补偿金；抵押人对添附物享有所有权的，抵押权的效力及于添附物，但不及于因添附而增加的财产价值部分。b. 抵押权依法设立后，抵押人与第三人因添附成为添附物的共有人，抵押权的效力及于抵押人对共有物享有的份额。 ④代位物。 ⑤抵押权设立后新增的建筑物。建设用地使用权抵押后，该土地上新增的建筑物不属于抵押财产，实现抵押权时，应当一并处分，但新增建筑物所得的价款，抵押权人无权优先受偿。 （3）抵押人的权利。 ①抵押物出租的权利。a. 抵押权设立前，抵押财产已经出租并转移占有的，原租赁关系不受该抵押权的影响。b. 若抵押权在先登记，其具有对抗第三人的效力，则租赁权不得对抗抵押权。

续表

项目	内　　容
抵押权的效力	②抵押物转让的权利。抵押期间，抵押人可以转让抵押财产。当事人另有约定的，从其约定。抵押财产转让的，抵押权不受影响。 （4）抵押权人的权利。 ①抵押权的顺位权。同一财产向两个以上债权人抵押的，拍卖、变卖抵押财产所得的价款依照下列规定清偿：a. 抵押权已经登记的，按照登记的时间先后确定清偿顺序；b. 抵押权已经登记的先于未登记的受偿；c. 抵押权未登记的，按照债权比例清偿。 【提示】抵押权人与抵押人可以协议变更抵押权顺位以及被担保的债权数额等内容。但是，抵押权的变更未经其他抵押权人书面同意的，不得对其他抵押权人产生不利影响。 ②抵押权的处分。a. 抵押权的转让。债权转让的，担保该债权的抵押权一并转让，但法律另有规定或者当事人另有约定的除外；b. 将抵押权作为担保；c. 抵押权的抛弃。 ③抵押权的保全。抵押人不得不合理实施减少抵押财产价值的行为。抵押财产价值减少的，抵押权人有权请求恢复抵押财产的价值，或者提供与减少的价值相应的担保。

续表

项目	内　容
抵押权的效力	（5）动产抵押权的特别效力规定。 ①动产抵押权的登记对抗。动产抵押权未经登记，不得对抗善意第三人。 ②动产抵押的“正常买受人”规则。以动产抵押的不得对抗正常经营活动中已经支付合理价款并取得抵押财产的买受人。 ③价款债权抵押权的超级优先效力。价款债权抵押权的设立条件包括：a. 被担保的债权是购置物的价款债权；b. 购置物已交付给买受人；c. 自购置物交付之日起10日内办理抵押登记。价款债权抵押权人优先于抵押物买受人的其他担保物权人受偿，但是留置权人除外。 ④动产抵押、质押并存时的效力顺序。同一财产既设立抵押权又设立质权的，拍卖、变卖该财产所得的价款按照登记、交付的时间先后确定清偿顺序
抵押权的实现	抵押权的实现，是指抵押权人在其债权已届清偿前未获清偿或发生当事人约定的实现抵押权的情形时，可变价处分抵押财产，以使其债权优先受偿的行为。

续表

项目	内　　容
抵押权的实现	（1）抵押权实现的条件、方式和程序。 债务人不履行到期债务或者发生当事人约定的实现抵押权的情形，抵押权人可以与抵押人协议以抵押财产折价或者以拍卖、变卖该抵押财产所得的价款优先受偿。抵押权人与抵押人未就抵押权实现方式达成协议的，抵押权人可以请求人民法院拍卖、变卖抵押财产。债权人以诉讼方式行使担保物权的，应当以债务人和担保人作为共同被告。 （2）抵押权的行使期间。 抵押权人应当在主债权诉讼时效期间行使抵押权；未行使的，人民法院不予保护。 （3）抵押物变价款的分配。 抵押物折价或者拍卖、变卖所得的价款，当事人没有约定的，按下列顺序清偿：①实现抵押权的费用；②主债权的利息；③主债权。 抵押财产折价或者拍卖、变卖后，其价款超过债权数额的部分归抵押人所有，不足部分由债务人清偿

【要点21】特殊抵押权（掌握）

项目	内　　容
最高额抵押权	（1）最高额抵押权的概念。最高额抵押权，是指为担保债务的履行，债务人或者第三人对一定期间内将要连续发生的债权提供担保财产，债务人不履行到期债务或者发生当事人约定的实现抵押权的情形，抵押权人有权在最高债权额限度内就该担保财产优先受偿的特殊抵押权。最高额抵押权具有如下特征：①抵押担保的是将来发生的债权。②抵押担保的债权额不确定，但设有最高限制额。③实际发生的债权是连续的、不特定的。④债权人仅对抵押财产行使最高额限度内的优先受偿权。⑤最高额抵押权只需首次登记即可设立。 （2）有下列情形之一的，抵押权人的债权确定：①约定的债权确定期间届满；②没有约定债权确定期间或者约定不明确，抵押权人或者抵押人自最高额抵押权设立之日起满2年后请求确定债权；③新的债权不可能发生；④抵押权人知道或者应当知道抵押财产被查封、扣押；⑤债务人、抵押人被宣告破产或者被解散；⑥法律规定债权确定的其他情形

续表

项目	内　容
浮动抵押权	（1）浮动抵押权的概念。企业、个体工商户、农业生产经营者可以将现有的以及将有的生产设备、原材料、半成品、产品抵押，债务人不履行到期债务或者发生当事人约定的实现抵押权的情形，债权人有权就抵押财产确定时的动产优先受偿。债权人在此享有的抵押权称为浮动抵押权。 （2）浮动抵押权的效力。①浮动抵押权的登记对抗效力。浮动抵押权自抵押合同生效时设立；未经登记，不得对抗善意第三人。②浮动抵押权不得对抗“正常买受人”。浮动抵押权无论是否办理抵押登记，均不得对抗正常经营活动中已支付合理价款并取得抵押财产的买受人。 （3）浮动抵押，抵押财产自下列情形之一发生时确定：①债务履行期限届满，债权未实现；②抵押人被宣告破产或者解散；③当事人约定的实现抵押权的情形；④严重影响债权实现的其他情形

【要点22】动产质权（掌握）

项目	具体内容
概念	动产质权，是指为担保债务的履行，债务人或者第三人将其动产出质给债权人占有，债务人不履行到期债务或者发生当事人约定的实现质权的情形，债权人有权就该动产优先受偿的担保物权
质押合同	为设立质权，当事人应当采取书面形式订立质押合同。质押合同一般包括以下条款：（1）被担保债权的种类和数额；（2）债务人履行债务的期限；（3）质押财产的名称、数量等情况；（4）担保的范围；（5）质押财产交付的时间、方式。其中，质押担保的范围由当事人约定；当事人未约定的，质押担保范围包括主债权及利息、违约金、损害赔偿金、质物保管费用和实现质权的费用。 【提示】质权人在债务履行期届满前，不得与出质人约定债务人不履行到期债务时质押财产归债权人所有。这类条款称为“流质条款”。当事人在质押合同中约定流质条款的，债务人不履行到期债务时，质权人并不能直接取得质押财产的所有权，只能依法就质押财产优先受偿

续表

项目	具体内容
生效	质押合同自成立时生效，但质权自出质人交付质押财产时设立，即动产质权的设立以质物的交付为生效要件
质权人对质物的权利和责任	（1）质权人对质物的权利。 ①质权人有权收取质押财产的孳息，但合同另有约定的除外。前述孳息应当先充抵收取孳息的费用。 ②因不能归责于质权人的事由可能使质押财产毁损或者价值明显减少，足以危害质权人权利的，质权人有权要求出质人提供相应的担保；出质人不提供的，质权人可以拍卖、变卖质押财产，并与出质人通过协议将拍卖、变卖所得的价款提前清偿债务或者提存。 （2）质权人对质物的责任。 ①质权人在质权存续期间，未经出质人同意，擅自使用、处分质押财产，给出质人造成损害的，应当承担赔偿责任。

续表

项目	具体内容
质权人对质物的权利和责任	②质权人负有妥善保管质押财产的义务；因保管不善致使质押财产毁损、灭失的，应当承担赔偿责任。 质权人的行为可能使质押财产毁损、灭失的，出质人可以请求质权人将质押财产提存，或者请求提前清偿债务并返还质押财产。 ③质权人在质权存续期间，未经出质人同意转质，造成质押财产毁损、灭失的，应当向出质人承担赔偿责任
质权的实现	债务人履行债务或者出质人提前清偿所担保的债权的，质权人应当返还质押财产。 债务人不履行到期债务或者发生当事人约定的实现质权的情形，质权人可以与出质人协议以质押财产折价，也可以就拍卖、变卖质押财产所得的价款优先受偿。 出质人可以请求质权人在债务履行期届满后及时行使质权；质权人不行使的，出质人可以请求人民法院拍卖、变卖质押财产。出质人请求质权人及时行使质权，因质权人怠于行使权利造成损害的，由质权人承担赔偿责任。 质押财产折价或者拍卖、变卖后，其价款超过债权数额的部分归出质人所有，不足部分由债务人清偿。 为债务人质押担保的第三人，在质权人实现质权后，有权向债务人追偿

【要点 23】权利质权（掌握）

项目	具体内容
概念	权利质权，是指债务人或者第三人以其所有权之外的可让与财产权利作为债权的担保，当债务人不履行到期债务或者发生当事人约定的实现质权的情形，债权人有权依照法律规定，以该财产权利折价或者以拍卖、变卖该财产权利的价款优先受偿的担保权利
以不同种类权利出质的法律规定	（1）以汇票、本票、支票、债券、存款单、仓单、提单出质的，质权自权利凭证交付质权人时设立；没有权利凭证的，质权自办理出质登记时设立。法律另有规定的，依照其规定。 （2）以基金份额、股权出质的，质权自办理出质登记时设立。基金份额、股权出质后，不得转让，但是出质人与质权人协商同意的除外。 出质人转让基金份额、股权所得的价款，应当向质权人提前清偿债务或者提存。 （3）以注册商标专用权、专利权、著作权等知识产权中的财产权出质的，质权自办理出质登记时设立。知识产权中的财产权出质后，出质人不得转让或者许可他人使用，但是出质人与质权人协商同意的除外。出质人转让或者许可他人使用出质的知识产权中的财产权所得的价款，应当向质权人提前清偿债务或者提存。

续表

项目	具体内容
以不同种类权利出质的法律规定	（4）以应收账款出质的，质权自办理出质登记时设立。应收账款出质后，不得转让，但是出质人与质权人协商同意的除外。出质人转让应收账款所得的价款，应当向质权人提前清偿债务或者提存

学习心得

【要点 24】留置权（掌握）

项目	具体内容
概念	留置权，是指债务人不履行到期债务，债权人可以留置已经合法占有的债务人的动产，并有权就该动产优先受偿的担保权利。其中债权人为留置权人，占有的动产为留置财产，即留置物。留置权属于法定担保物权
成立要件	（1）债权人占有债务人的动产。 原则上动产应属于债务人所有。但《担保司法解释》规定："债务人不履行到期债务，债权人因同一法律关系留置合法占有的第三人的动产，并主张就该留置财产优先受偿的，人民法院应予支持。第三人以该留置财产并非债务人的财产为由请求返还的，人民法院不予支持。" （2）占有的动产应与债权属于同一法律关系，但企业之间留置的除外。 留置权的适用范围不限于保管合同、运输合同、承揽合同等特定的合同关系，其他债权债务关系，只要法律不禁止留置、债务人不履行债务的，债权人均可以留置已经合法占有的动产。 （3）债权已届清偿期且债务人未按规定的期限履行义务

续表

项目	具体内容
实现	(1) 留置权人负有妥善保管留置财产的义务；因保管不善致使留置财产毁损、灭失的，应当承担赔偿责任。留置权人有权收取留置财产的孳息。孳息应当先充抵收取孳息的费用。 (2) 留置权人与债务人应当约定留置财产后的债务履行期间；没有约定或者约定不明确的，留置权人应当给债务人60日以上履行债务的期间，但鲜活易腐等不易保管的动产除外。债务人逾期未履行的，留置权人可以与债务人协议以留置财产折价，也可以就拍卖、变卖留置财产所得的价款优先受偿。留置财产折价或者变卖的，应当参照市场价格。 (3) 债务人可以请求留置权人在债务履行期届满后行使留置权；留置权人不行使的，债务人可以请求人民法院拍卖、变卖留置财产。留置财产折价或者拍卖、变卖后，其价款超过债权数额的部分归债务人所有，不足部分由债务人清偿。 (4) 留置权人在债权未受全部清偿前，留置物为不可分物的，留置权人可以就其留置物的全部行使留置权。留置的财产为可分物的，留置物的价值应当相当于债务的金额。 (5) 同一动产上已设立抵押权或者质权，该动产又被留置的，留置权人优先受偿

续表

项目	具体内容
消灭	留置权因下列原因而消灭： （1）留置权人对留置财产丧失占有； （2）留置物灭失、毁损而无代位物； （3）与留置物有同一法律关系的债权消灭； （4）债务人另行提供价值相当的担保并被债权人接受； （5）实现留置权

学习心得

【要点25】占有的分类与保护（熟悉）

项目	具体内容
分类	（1）有权占有与无权占有。 根据占有是否具有法律依据为标准，可以将占有分为有权占有与无权占有。有权占有，是指基于法律依据而为的占有，主要指基于各种物权或债权的占有。无权占有，是指欠缺法律依据的占有，如抢夺人对于赃物的占有或承租人在租赁关系消灭后占有租赁物等。 有权占有与无权占有区分的意义，在于两者受法律保护的程度不同。有权占有因其有占有的法律依据，受法律保护，他人请求交付占有物时，占有人有权拒绝。而无权占有的占有人，因其占有不具有法律依据，无权拒绝权利人对其交还占有物的请求。此外，因侵权行为占有他人之物，无权占有人在占有物上无权主张留置权。

续表

项目	具体内容
分类	（2）善意占有与恶意占有。 根据无权占有人是否误信为有占有的法律依据为标准，可以将无权占有分为善意占有与恶意占有。善意占有，是指占有人误信其有占有的法律依据且无怀疑的占有，如继承误以为是遗产的财产而占有该财产。恶意占有，是指占有人对物知其无占有的法律依据，或对于是否有权占有虽有怀疑而仍为占有。 区分善意占有与恶意占有的意义主要有：①动产的善意取得，以善意受让占有为要件。②不动产或者动产被占有人占有的，权利人可以请求返还原物及其孳息；但是，应当支付善意占有人因维护该不动产或者动产支出的必要费用。③占有物因被使用遭受损害的，恶意占有人应当承担赔偿责任，善意占有人无须承担赔偿责任。④赔偿保险金、赔偿金或补偿金不足以弥补权利人的损失时，恶意占有人应当赔偿损失。 （3）自主占有与他主占有。 根据占有人对物的占有是否具有所有的意思为标准，可以将占有分为自主占有与他主占有。自主占有，是指以所有的意思对物为占有。他主占有，是指不以所有的意思而为占有，如承租人、借用人、保管人、质权人等对标的物的占有。

续表

项目	具体内容
分类	(4) 直接占有与间接占有。 根据占有人在事实上是否直接占有其物为标准，可以将占有分为直接占有与间接占有。直接占有，是指占有人事实上占有其物，即直接对物有事实上的控制，如质权人、保管人、承租人等对物的占有。间接占有，是指自己不直接占有其物，基于一定法律关系而对事实上占有其物之人有返还请求权，因而对其物有间接控制力，如出质人、出租人等基于一定法律关系对物的占有
保护	占有保护请求权，是指占有人在占有被侵害时，得请求侵害人恢复其占有状态的权利。占有保护请求权，包括占有物返还请求权、占有妨害排除请求权、占有妨害防止请求权、占有损害赔偿请求权。 占有人返还原物的请求权，自侵占发生之日起 1 年内未行使的，该请求权消灭

第五章　合同法律制度

- ☞ 掌握合同订立的形式、合同订立的方式、合同格式条款、合同的生效、合同履行的规则
- ☞ 掌握效力待定合同、抗辩权的行使、合同保全的概念
- ☞ 掌握代位权、撤销权的规定
- ☞ 掌握合同变更、合同转让的规定
- ☞ 掌握清偿、抵销、提存、免除、混同的规定
- ☞ 掌握合同解除的规定、承担违约责任的形式
- ☞ 掌握借款合同、租赁合同、融资租赁合同的规定
- ☞ 熟悉合同的概念和分类、合同成立的时间和地点
- ☞ 熟悉缔约过失责任的规定、违约责任的概念与基本构成、免责事由
- ☞ 熟悉买卖合同、赠与合同、保证合同的规定

【要点1】合同的分类（熟悉）

类型	划分依据
有名合同与无名合同	以法律是否赋予其名称并作出明确规定为标准
诺成合同与实践合同	按照除双方意思表示一致外，是否尚需交付标的物才能成立为标准
要式合同与不要式合同	按照法律、法规或者当事人约定是否要求合同具备特定形式和手续为标准
双务合同与单务合同	按照双方是否互负给付义务为标准
主合同与从合同	以合同相互间的主从关系为标准
预约合同与本约合同	根据合同的订立是否以订立另一合同为内容

【要点2】合同订立的形式（掌握）

形式		具体情形
书面形式		合同书、信件和数据电文（包括电报、电传、传真、电子数据交换和电子邮件）等可以有形地表现所载内容的形式
口头形式		当事人双方就合同内容面对面或以通信设备交谈达成的协议
其他形式	推定形式	当事人没有口头或者文字的意思表示，由特定行为间接推知其意思表示而成立合同
	默示形式	当事人既未明示其意思，亦不能借由其他事实推知其意思，即当事人单纯沉默

【要点3】要约（掌握）

项目	内　容
要约应具备的条件	（1）要约须由要约人向特定相对人作出意思表示。但在特殊情况下，对不特定的人作出但不妨碍要约所达目的时，相对人也可以是不特定人。如商业广告和宣传的内容符合要约条件的，构成要约。 （2）要约的内容必须确定、完整，具有足以使合同成立的必要条款。一经受要约人承诺，合同即可成立。 （3）要约须表明经受要约人承诺，要约人即受该意思表示约束。要约必须是以缔结合同为目的的意思表示。要约人发出的要约内容必须能够表明：如果对方接受要约，合同即告成立
要约邀请	要约邀请是希望他人向自己发出要约的表示。要约邀请处于合同的准备阶段，没有法律约束力。 拍卖公告、招标公告、招股说明书、债券募集办法、基金招募说明书、商业广告和宣传、寄送的价目表等为要约邀请
要约生效时间	（1）以对话方式作出的要约，自相对人知道其内容时生效。 （2）以非对话方式作出的要约，自到达受要约人时生效
要约撤回	是指要约在发出后、生效前，要约人使要约不发生法律效力的意思表示。 【提示】原则上，只有以非对话方式作出的要约可能被撤回

续表

项目	内容
要约撤销	是指要约人在要约生效后、受要约人承诺前，使要约丧失法律效力的意思表示。 （1）以对话方式作出的，该意思表示的内容应当在受要约人作出承诺之前为受要约人所知道。 （2）以非对话方式作出的，应当在受要约人作出承诺之前到达受要约人
要约失效	是指要约丧失法律效力，即要约人与受要约人均不再受其约束，要约人不再承担接受承诺的义务，受要约人也不再享有通过承诺使合同得以成立的权利

提示

不得撤销要约的情形：（1）要约人以确定承诺期限或者其他形式明示要约不可撤销；（2）受要约人有理由认为要约是不可撤销的，并已经为履行合同做了合理准备工作。所谓“受要约人有理由认为要约是不可撤销”，一般应结合受要约人的知识、经验以及受要约人与要约人之间的交易关系、交易习惯等来判定。

要约失效的情形包括：（1）要约被拒绝；（2）要约被依法撤销；（3）承诺期限届满，受要约人未作出承诺；（4）受要约人对要约的内容作出实质性变更。

【要点4】承诺（掌握）

项目	内　　容
承诺应具备的条件	（1）承诺必须由受要约人作出。 （2）承诺必须向要约人作出。 （3）承诺的内容必须与要约内容一致。 （4）承诺必须在承诺期限内作出并到达要约人
承诺的方式	承诺应当以通知的方式作出，通知的方式可以是口头的，也可以是书面的。根据交易习惯或当事人之间的约定，承诺也可以不以通知的方式，而通过实施一定的行为或以其他方式作出
承诺的期限	（1）要约以信件或者电报作出的，承诺期限自信件载明的日期或者电报交发之日开始计算。信件未载明日期的，自投寄该信件的邮戳日期开始计算。 （2）要约以电话、传真、电子邮件等快速通信方式作出的，承诺期限自要约到达受要约人时开始计算。 （3）要约没有确定承诺期限的，承诺应当依照下列规定到达：①要约以对话方式作出的，应当即时作出承诺；②要约以非对话方式作出的，承诺应当在合理期限内到达

续表

项目	内　容
承诺的生效	（1）承诺通知到达要约人时生效。 （2）承诺可以撤回。撤回承诺的通知应当在承诺通知到达要约人之前或者与承诺通知同时到达要约人
新要约	（1）受要约人对要约的内容作出实质性变更的，为新要约。 （2）受要约人超过承诺期限发出承诺，或者在承诺期限内发出承诺，按照通常情形不能及时到达要约人的，除要约人及时通知受要约人该承诺有效的以外，为新要约

提示

受要约人在承诺期限内发出承诺，按照通常情形能够及时到达要约人，但因其他原因承诺到达要约人时超过承诺期限的，除要约人及时通知受要约人因承诺超过期限不接受该承诺的以外，该承诺有效。

承诺对要约的内容作出非实质性变更的，除要约人及时表示反对或者要约表明承诺不得对要约的内容作出任何变更的以外，该承诺有效，合同的内容以承诺的内容为准。

当事人对合同是否成立存在争议，人民法院能够确定当事人姓名或者名称、标的和数量的，一般应当认定合同成立。但是，法律另有规定或者当事人另有约定的除外。

学习心得

【要点5】合同格式条款（掌握）

项目	内　　容
概念	格式条款是当事人为了重复使用而预先拟定，并在订立合同时未与对方协商的条款。 当事人仅以合同系依据合同示范文本制作或者双方已经明确约定合同条款不属于格式条款为由主张该条款不是格式条款的，人民法院不予支持。 从事经营活动的当事人一方仅以未实际重复使用为由主张其预先拟定且未与对方协商的合同条款不是格式条款的，人民法院不予支持。但是，有证据证明该条款不是为了重复使用而预先拟定的除外
提供格式条款一方的义务	（1）遵循公平原则确定当事人之间的权利和义务，并采取合理的方式提请对方注意免除或者限制其责任的条款，按照对方的要求，对该条款予以说明。 （2）对格式条款中免除或者限制其责任的内容，在合同订立时应采用足以引起对方注意的文字、符号、字体等特别标识，并按照对方的要求对该格式条款予以说明

续表

项目	内　　容
格式条款无效的情形	(1) 提供格式条款的一方不合理地免除或者减轻其责任、加重对方责任、限制对方主要权利。 (2) 提供格式条款的一方排除对方主要权利。 (3) 使用格式条款与无民事行为能力人订立合同；行为人与相对人以虚假的意思表示订立合同；恶意串通，损害他人合法权益的合同；违反法律、行政法规的强制性规定或者违背公序良俗的合同等。 (4) 造成对方人身损害的免责格式条款；因故意或重大过失造成对方财产损失的免责格式条款
对格式条款的解释	对格式条款的理解发生争议的，应当按照通常理解予以解释。对格式条款有两种以上解释的，应当作出不利于提供格式条款一方的解释；格式条款和非格式条款不一致的，应当采用非格式条款

《合同编通则解释》的规定：

（1）提供格式条款的一方在合同订立时采用通常足以引起对方注意的文字、符号、字体等明显标识，提示对方注意免除或者减轻其责任、排除或者限制对方权利等与对方有重大利害关系的异常条款的，人民法院可以认定其已经履行提示义务。

（2）提供格式条款的一方按照对方的要求，就与对方有重大利害关系的异常条款的概念、内容及其法律后果以书面或者口头形式向对方作出通常能够理解的解释说明的，人民法院可以认定其已经履行说明义务。

（3）对于通过互联网等信息网络订立的电子合同，提供格式条款的一方仅以采取了设置勾选、弹窗等方式为由主张其已经履行提示义务或者说明义务的，人民法院不予支持，但是其举证符合上述规定的除外。

【要点6】合同成立的时间（熟悉）

项目	内　　容
合同成立的时间	（1）一般而言，承诺生效的时间就是合同成立的时间。 （2）当事人采用合同书形式订立合同的，自双方当事人均签名、盖章或者按指印时合同成立。在签名、盖章或者按指印之前，当事人一方已经履行主要义务并且对方接受的，该合同成立。 （3）当事人采用信件、数据电文等形式订立合同的，可以在合同成立之前要求签订确认书，签订确认书时合同成立。 （4）当事人一方通过互联网等信息网络发布的商品或者服务信息符合要约条件的，对方选择该商品或者服务并提交订单成功时合同成立，但是当事人另有约定的除外。 （5）当事人以直接对话方式订立的合同，承诺人的承诺生效时合同成立；法律、行政法规规定或者当事人约定采用书面形式订立合同，当事人未采用书面形式但一方已经履行主要义务并且对方接受的，该合同成立。 （6）当事人签订要式合同的，以法律、法规规定的特殊形式要求完成的时间为合同成立时间

【要点7】合同成立的地点（熟悉）

项目	内　容
合同成立的地点	（1）一般而言，承诺生效的地点为合同的成立地点。 （2）采用数据电文形式订立合同的，收件人的主营业地为合同成立的地点，没有主营业地的，其住所地为合同成立的地点。 （3）当事人采用合同书、确认书形式订立合同的，双方当事人签名、盖章或者按指印的地点为合同成立的地点。双方当事人签名、盖章或者按指印不在同一地点的，最后签名、盖章或者按指印的地点为合同成立地点。 （4）合同需要完成特殊的约定或者法定形式才能成立的，以完成合同的约定形式或者法定形式的地点为合同的成立地点。 （5）当事人对合同的成立地点另有约定的，按照其约定。采用书面形式订立合同，合同约定的成立地点与实际签字或者盖章地点不符的，应当认定约定的地点为合同成立地点

【要点8】缔约过失责任（熟悉）

项目	内　　容
概念	当事人在订立合同过程中，因故意或者过失致使合同未成立、未生效、被撤销或者无效，给他人造成损失所应承担的损害赔偿责任
承担缔约过失责任的情形	当事人在订立合同过程中有下列情形之一，造成对方损失的，应当承担损害赔偿责任： （1）假借订立合同，恶意进行磋商。 （2）故意隐瞒与订立合同有关的重要事实或者提供虚假情况。 （3）有其他违背诚实信用原则的行为。 在订立合同过程中知悉的商业秘密或者其他应当保密的信息，无论合同是否成立，不得泄露或者不正当地使用；泄露、不正当地使用该商业秘密或者信息，造成对方损失的，应当承担赔偿责任
缔约过失责任与违约责任不同	（1）违约责任产生于合同生效之后，适用于生效合同，主要赔偿的是履行利益的损害。 （2）缔约过失责任主要适用于合同不成立、无效、被撤销等情形，赔偿的是信赖利益的损失

信赖利益损失，一般以实际损失为限，包括所受损失与所失利益：

(1) 所受损失包括为订立合同而支出的缔约费用、交通费、鉴定费、咨询费等。

(2) 所失利益主要指丧失订约机会的损失，如因缔约过失而导致与第三人另订合同机会丧失的损失。

信赖利益的赔偿不得超过合同有效时相对人所可能得到的履行利益。

此外，若属违反保密义务的缔约过失，当事人需对对方所受实际损失承担赔偿责任。

【要点9】合同的生效（掌握）

项目	内　容
合同的生效时间	(1) 依法成立的合同，原则上自成立时生效。 (2) 法律、行政法规规定应当办理批准、登记等手续生效的，自批准、登记时生效。 (3) 附生效条件的合同，自条件成就时生效。附解除条件的合同，自条件成就时失效

依照法律、行政法规的规定，合同应当办理批准等手续的，依照其规定。

未办理批准等手续影响合同生效的，不影响合同中履行报批等义务条款以及相关条款的效力。应当办理申请批准等手续的当事人未履行义务的，对方可以请求其承担违反该义务的责任。

合同依法成立后，负有报批义务的当事人不履行报批义务或者履行报批义务不符合合同的约定或者法律、行政法规的规定，对方请求其继续履行报批义务的，人民法院应予支持；对方主张解除合同并请求其承担违反报批义务的赔偿责任的，人民法院应予支持。

合同存在无效或者可撤销的情形，当事人以该合同已在有关行政管理部门办理备案、已经批准机关批准或者已依据该合同办理财产权利的变更登记、移转登记等为由主张合同有效的，人民法院不予支持。

学习心得

【要点 10】效力待定合同（掌握）

<table>
<tr><th>项目</th><th colspan="3">内　容</th></tr>
<tr><td>概念</td><td colspan="3">效力待定合同，是指合同订立后尚未生效，须经同意权人追认方能有效的合同。效力待定合同的效力取决于相关第三人的承认或拒绝行为，该第三人称为“同意权人”</td></tr>
<tr><td rowspan="2">情形</td><td rowspan="2">限制民事行为能力人订立的合同</td><td>直接有效</td><td>纯获利益的合同或者是与其年龄、智力、精神健康状况相适应的合同有效，不必经法定代理人（同意权人）追认</td></tr>
<tr><td>效力待定</td><td>（1）限制民事行为能力人订立的合同，经法定代理人追认后，该合同自始有效。
（2）相对人可以催告法定代理人自收到催告通知之日起在 30 日内予以追认。法定代理人未作表示的，视为拒绝追认。
（3）合同被追认之前，善意相对人有撤销的权利。
【解释】善意是指相对人不知与其订立合同的当事人为限制民事行为能力人。善意相对人要撤销其订立合同的意思表示，应当通知限制民事行为能力人的法定代理人</td></tr>
</table>

续表

项目	内容		
情形	无权代理	追认权	未经被代理人（同意权人）追认，该合同对被代理人不发生效力，由行为人承担责任
		催告权	相对人可以催告被代理人自收到催告通知之日起在**30日内**予以追认。被代理人**未作表示的**，视为**拒绝追认**
		撤销权	合同被追认之前，善意相对人有撤销的权利。撤销应当以通知的方式作出

【要点 11】合同的履行（掌握）

<table>
<tr><th>项目</th><th colspan="2">内　　容</th></tr>
<tr><td>合同履行的一般要求</td><td colspan="2">（1）债权人可以拒绝债务人提前履行债务，但是提前履行不损害债权人利益的除外。债务人提前履行债务给债权人增加的费用，由债务人负担。
（2）债权人可以拒绝债务人部分履行债务，但是部分履行不损害债权人利益的除外。债务人部分履行债务给债权人增加的费用，由债务人负担</td></tr>
<tr><td rowspan="2">合同内容约定不明确时的履行规则</td><td colspan="2">合同生效后，当事人就质量、价款或者报酬、履行地点等内容没有约定或者约定不明确的，可以协议补充；不能达成补充协议的，按照合同有关条款或者交易习惯确定；仍不能确定的，适用下列规定</td></tr>
<tr><td>质量要求不明确的</td><td>按照强制性国家标准履行；没有强制性国家标准的，按照推荐性国家标准履行；没有推荐性国家标准的，按照行业标准履行；没有国家标准、行业标准的，按照通常标准或者符合合同目的的特定标准履行</td></tr>
</table>

续表

项目	内　容	
合同内容约定不明确时的履行规则	价款或者报酬不明确的	按照订立合同时履行地的市场价格履行；依法应当执行政府定价或者政府指导价的，依照规定履行
	履行地点不明确的	给付货币的，在接受货币一方所在地履行；交付不动产的，在不动产所在地履行；其他标的，在履行义务一方所在地履行
	履行期限不明确的	债务人可以随时履行，债权人也可以随时请求履行，但是应当给对方必要的准备时间
	履行方式不明确的	按照有利于实现合同目的的方式履行
	履行费用的负担不明确的	由履行义务一方负担；因债权人原因增加的履行费用，由债权人负担

续表

<table>
<tr><th>项目</th><th colspan="2">内　容</th></tr>
<tr><td rowspan="2">涉及第三人的合同履行</td><td>向第三人履行的合同（利他合同）</td><td>指双方当事人约定，由债务人向第三人履行债务的合同。
债务人向第三人履行的合同的法律效力为：
（1）法律规定或者当事人约定第三人可以直接请求债务人向其履行债务，第三人表示接受该权利或者未在合理期限内明确拒绝，债务人未向第三人履行债务或者履行债务不符合约定的，第三人可以请求债务人承担违约责任。
（2）债务人对于合同债权人可行使的一切抗辩权，对该第三人均可行使。
（3）因向第三人履行债务增加的费用，除双方当事人另有约定外，由债权人承担</td></tr>
<tr><td>由第三人履行的合同（第三人负担的合同）</td><td>指双方当事人约定债务由第三人履行的合同，该债务履行的约定必须征得第三人同意。
由第三人履行的合同的法律效力为：
（1）第三人不履行债务或者履行债务不符合约定的，债务人应当向债权人承担违约责任。
（2）第三人向债权人履行债务所增加的费用，除合同另有约定外，一般由债务人承担</td></tr>
</table>

【要点 12】抗辩权的行使（掌握）

项目	内　容
同时履行抗辩权	指无给付先后顺序的双务合同当事人一方在他方当事人未对应给付前，有拒绝自己给付的抗辩权。 当事人互负债务，没有先后履行顺序的，应当同时履行。一方在对方履行之前有权拒绝其履行要求；一方在对方履行债务不符合约定时，有权拒绝其相应的履行要求
后履行抗辩权	指合同当事人互负债务，有先后履行顺序的，先履行一方未履行的，后履行一方有权拒绝其履行要求。先履行一方履行债务不符合约定的，后履行一方有权拒绝其相应的履行要求
不安抗辩权	指当事人互负债务，有先后履行顺序的，先履行的一方有确切证据证明另一方丧失履行债务能力时，在对方没有履行或者没有提供担保之前，有拒绝自己履行的权利

续表

项目	内　　容	
不安抗辩权	中止履行	应当先履行债务的当事人，有确切证据证明对方有下列情形之一的，可以中止履行：(1) 经营状况严重恶化；(2) 转移财产、抽逃资金，以逃避债务；(3) 丧失商业信誉；(4) 有丧失或者可能丧失履行债务能力的其他情形
	解除合同	中止履行合同后，如果对方在合理期限内未恢复履行能力并且未提供适当担保的，视为以自己的行为表明不履行主要债务，中止履行合同的一方可以解除合同，并可以请求对方承担违约责任

【要点 13】合同保全的概念（掌握）

项目	内　　容
定义	为了避免债务人责任财产的不当减少，危及债权人债权的实现，法律赋予债权人可以以自己的名义对于债务人处分其责任财产的行为予以干涉，以保障债权实现的制度
意义	(1) 债务人全部财产作为责任财产，被称为债权实现最基本的担保。 (2) 由于这种担保效力相对较弱，法律特设债权人代位权与撤销权制度，旨在当债务人不当处分其财产时，可依法干预债务人有损债权实现的财产减少行为，以此达到合同的保全。 (3) 债权人对于债务人处分其财产行为的保全干预，已经突破了合同的相对性，其效力将触及与债务人实施财产处分行为的第三人，因此，债权人代位权与债权人撤销权体现了债的对外效力

【要点14】代位权（掌握）

项目	内　　容
概念	指债务人怠于行使其对第三人（次债务人）享有的到期债权或者与该债权相关的从权利，影响债权人到期债权的实现，债权人为了保障自己的债权，可以向人民法院请求以自己的名义代位行使债务人对第三人（次债务人）的权利，但该权利专属于债务人自身的除外
构成要件	（1）债务人对第三人享有合法债权或者与该债权有关的从权利。 （2）债务人怠于行使其债权。如果债务人已经行使了权利，即使不尽如人意，债权人也不能行使代位权。 【解释】怠于行使债权，是指债务人应该行使且能够行使其对第三人的债权，却不行使该权利。 （3）债务人怠于行使权利有害于债权人债权的实现，致使债权人的到期债权未能实现。 （4）债务人的债务已到期，债务人对债权人负担的债务已陷于迟延履行。如果债务人的债务未到履行期或者履行期间未届满的，债权人不能行使代位权。但在债务人的债务到期前，债务人的债权或者与该债权有关的从权利存在诉讼时效期间即将届满或者未及时申报破产债权等情形，影响债权人的债权实现的，债权人可以代位向债务人的相对人请求其向债务人履行、向破产管理人申报或者作出其他必要的行为。

续表

项目	内　　容
构成要件	(5) 债务人的权利不是专属于债务人自身的
行使	(1) 债权人须以自己的名义通过诉讼形式行使代位权。 (2) 代位权的行使范围以债权人的到期债权为限。 (3) 次债务人对债务人的抗辩，可以向债权人主张
效力	(1) 债权人向次债务人提起的代位权诉讼，经人民法院审理后认定代位权成立的，由次债务人向债权人履行清偿义务。 (2) 债权人接受履行后，债权人与债务人、债务人与次债务人之间相应的权利义务关系即予消灭。 (3) 债务人对相对人的债权或者与该债权有关的从权利被采取保全、执行措施，或者债务人破产的，依照相关法律的规定处理。 (4) 债权人行使代位权的必要费用，由债务人负担

【要点15】撤销权（掌握）

项目	内　容
概念	指债务人实施了减少财产或者增加财产负担的行为并危及债权人债权实现时，债权人为了保障自己的债权，请求人民法院撤销债务人行为的权利
构成要件	（1）债权人对债务人享有有效的债权。 （2）债务人实施了处分其财产的行为。 【提示】债务人处分其财产的行为包括：①放弃到期债权。②无偿转让财产。③以明显不合理的低价转让财产或者以明显不合理的高价受让他人财产。④债务人放弃其未到期的债权或者放弃债权担保，或者恶意延长到期债权的履行期或者为他人的债务提供担保。 （3）债务人处分其财产的行为有害于债权人债权的实现。 （4）第三人的主观要件。 【提示】债权人行使撤销权须以第三人的恶意为要件，若第三人无恶意，则不能撤销其取得财产的行为。对于债务人放弃到期债权、无偿转让财产等无偿行为，不论第三人善意或者恶意，债权人均得以请求撤销

续表

项目	内　容
行使	（1）债权人行使撤销权应以自己的名义，向被告住所地人民法院提起诉讼，请求法院撤销债务人因处分财产而危害债权的行为。 （2）撤销权自债权人知道或者应当知道撤销事由之日起1年内行使。若债权人不知道且不应当知道撤销事由的存在，撤销权须自债务人的行为发生之日起5年内行使，否则，该撤销权消灭。 【提示】需注意1年和5年期间的适用情形、计算起点等有所不同。 （3）撤销权的行使范围以债权人的债权为限
效力	（1）债务人与第三人的行为被撤销的，其行为自始无效。第三人应当向债务人返还财产或折价补偿。 （2）第三人返还或者折价补偿的财产构成债务人全部财产的一部分，债权人对于撤销权行使的结果并无优先受偿的权利。 （3）债权人行使撤销权所支付的合理的律师代理费、差旅费等必要费用，由债务人承担

【要点16】合同变更（掌握）

项目	内　　容
合同变更的要件	（1）当事人之间已存在合同关系。 （2）合同内容发生了变化。 （3）合同的变更必须遵守法律的规定或者当事人的约定。 【提示】合同的变更可以依据法律的规定产生，当法律规定的情形出现时，合同内容可能发生变化，如遇有不可抗力导致债务不能履行时，合同可以延期履行
约定变更合同的情形	（1）由合同当事人达成变更合同的协议。 （2）当事人可以在订立合同时即约定，当某种特定情况出现时，当事人有权变更合同
合同变更的形式	除法律规定的变更和人民法院依法变更外，合同变更主要是当事人协议变更

续表

项目	内　　容
合同变更的程序	（1）双方经协商取得一致，并采用书面形式。 （2）如原合同是经过公证、鉴证的，变更后的合同应报原公证、鉴证机关备案，必要时应对变更的事实予以公证、鉴证。 （3）如原合同按照法律、行政法规的规定是经过有关部门批准、登记的，变更后仍应报原批准机关批准、登记
合同变更的效力	（1）合同变更后，变更后的内容就取代了原合同的内容，合同各方当事人均应受变更后的合同的约束。 （2）为了减少在合同变更时可能发生的纠纷，当事人对合同变更的内容约定不明确的，推定为未变更。 （3）合同变更的效力原则上仅对未履行的部分有效，对已履行的部分没有溯及力，但法律另有规定或者当事人另有约定的除外

【要点17】合同转让（掌握）

项目	内　　容	
合同权利转让	条件	（1）须存在有效的合同权利。 （2）合同权利具有可转让性。 （3）当事人之间订立合同权利转让的协议
	通知	债权人转让权利无须经债务人同意，但应当通知债务人。未经通知，该转让对债务人不发生效力
	效力	（1）合同权利全部转让的，原合同关系消灭，受让人取代原债权人的地位，成为新的债权人，原债权人脱离合同关系，所以，债务人应向新的债权人履行债务。合同权利部分转让的，受让人作为第三人加入合同关系中，与原债权人共同享有债权。 （2）债权人转让主权利时，附属于主权利的从权利也一并转让，受让人在取得债权时，也取得与债权有关的从权利，但该从权利专属于债权人自身的除外。该从权利包括抵押权、定金债权、保证债权等。受让人取得从权利不因该从权利未办理转移登记手续或者未转移占有而受到影响。

续表

项目	内容	
合同权利转让	效力	（3）债务人接到债权转让通知后，债务人对让与人的抗辩，可以向受让人主张，如同时履行抗辩权、权利无效的抗辩、权利已过诉讼时效期间的抗辩等。 【提示】有下列情形之一的，债务人可以向受让人主张抵销：①债务人接到债权转让通知时，债务人对让与人享有债权，且债务人的债权先于转让的债权到期或者同时到期；②债务人的债权与转让的债权是基于同一合同产生。 （4）因债权转让增加的履行费用，由让与人负担
合同义务移转	条件	（1）须有有效的合同义务存在。 （2）合同义务须具有可移转性。 （3）须存在合同义务移转的协议。 （4）须经债权人同意

续表

项目	内 容	
合同义务移转	效力	(1) 合同义务全部移转的，新债务人成为合同一方当事人，如不履行或者不适当履行合同义务，债权人可以向其请求履行债务或者承担违约责任。合同义务部分移转的，则第三人加入合同关系，与原债务人共同承担合同义务。 (2) 债务人转移义务的，新债务人可以主张原债务人对债权人的抗辩，但原债务人对债权人享有债权的，新债务人不得向债权人主张抵销。 (3) 从属于主债务的从债务，随主债务的转移而转移，但该从债务专属于原债务人自身的除外。 (4) 第三人向债权人提供的担保，若担保人未明确表示继续承担担保责任，则担保责任因债务转移而消灭
合同权利义务一并转让	合同关系的一方当事人将权利和义务一并转让时，除了应当征得另一方当事人的同意外，还应当遵守有关转让权利和义务的规定	

续表

项目	内　　容
法人或者其他组织合并或者分立后债权债务关系的处理	当事人订立合同后合并的，由合并后的法人或者其他组织行使合同权利，履行合同义务。当事人订立合同后分立的，除债权人和债务人另有约定的以外，由分立的法人或者其他组织对合同的权利和义务享有连带债权，承担连带债务

【要点18】清偿（掌握）

项目	内　　容
概念	清偿是指债务人按照合同约定的标的、质量、数量、价款或者报酬、履行期限、履行地点和方式全面履行债务，使得债权债务关系消灭的行为
清偿人	清偿人多为债务人或者债务人之代理人，但法律规定或者当事人约定不得由代理人清偿的除外。清偿亦可由第三人代为清偿
清偿抵充	债务人对同一债权人负担的数项债务种类相同，债务人的给付不足以清偿全部债务的，除当事人另有约定外，由债务人在清偿时指定其履行的债务。债务人未作指定的，应当优先履行已经到期的债务；数项债务均到期的，优先履行对债权人缺乏担保或者担保最少的债务；均无担保或者担保相等的，优先履行债务人负担较重的债务；负担相同的，按照债务到期的先后顺序履行；到期时间相同的，按照债务比例履行。 【提示】债务人在履行主债务外还应当支付利息和实现债权的有关费用，其给付不足以清偿全部债务的，除当事人另有约定外，应当按照下列顺序履行：（1）实现债权的有关费用；（2）利息；（3）主债务

续表

项目	内　　容
效力	(1) 债权债务关系因清偿而消灭，债权的从权利一般随之消灭，但通知、协助、保密、旧物回收等后合同义务因是法定之债，并不随之消灭。 (2) 在第三人代为清偿情形，债权人接受第三人履行后，其对债务人的债权转让给第三人，但是债务人和第三人另有约定的除外

学习心得

【要点 19】法定抵销（掌握）

项目	内容
要件	（1）须当事人双方互负债务。 （2）须双方债务种类、品质相同。 【提示】抵销在现实生活中主要适用于互负的金钱债务。 （3）须被动债务已届清偿期。 （4）债务不属于不得抵销的债务。不得抵销的债务包括以下几类： ①按债务性质不能抵销。 ②按约定应当向第三人给付的债务。 ③当事人约定不得抵销的债务。 ④因侵害自然人人身权益，或者故意、重大过失侵害他人财产权益产生的损害赔偿债务。 ⑤法律规定不得抵销的其他情形
方法	（1）当事人主张抵销的，应当通知对方。通知自到达对方时生效。 （2）抵销不得附条件或者附期限

续表

项目	内　　容
效力	（1）双方对等数额债务因抵销而消灭。在双方债务数额不等时，对尚未抵销的剩余债务，债权人仍有受领清偿的权利。 （2）抵销后剩余债权的诉讼时效期间，应重新起算

提示

当事人互负债务，一方以其诉讼时效期间已经届满的债权通知对方主张抵销，对方提出诉讼时效抗辩的，人民法院对该抗辩应予支持。一方的债权诉讼时效期间已经届满，对方主张抵销的，人民法院应予支持。

【要点20】提存（掌握）

项目		内　　容
概念		指由于债权人的原因，债务人无法向其交付合同标的物而将该标的物交给提存机关，从而消灭债务的制度。 提存成立的，视为债务人在其提存范围内已经交付标的物
要件	原因	有下列情形之一，难以履行债务的，债务人可以将标的物提存： (1) 债权人无正当理由拒绝受领。 (2) 债权人下落不明（债权人失踪，其财产尚无人代管、债权人不清、地址不详、无法查找等）。 (3) 债权人死亡未确定继承人、遗产管理人或者丧失民事行为能力未确定监护人。 (4) 法律规定的其他情形
	主体	(1) 提存人是债务人或者其代理人。 (2) 提存应当在债务清偿地的提存机关进行，我国目前的提存主要是公证提存，公证机关为提存机关
	标的	只能是动产。标的物不适于提存或者提存费用过高的，债务人依法可以拍卖或者变卖标的物，提存所得的价款。提存人应就需清偿的全部债务进行提存，原则上不许部分提存

续表

项目	内　　容	
法律效力	在债务人与债权人之间	(1) 自提存之日起，提存人的债务归于消灭。 (2) 提存期间，标的物的孳息归债权人所有；提存费用由债权人负担；标的物提存后，毁损、灭失的风险由债权人承担。 (3) 提存人的通知义务。提存后，债务人应及时通知债权人或者其继承人、遗产管理人、监护人、财产代管人
	在提存人与提存部门之间	提存人可以凭人民法院生效的判决、裁定或者提存之债已经清偿的公证证明取回提存物。提存人取回提存物的，视为未提存，提存人应承担提存部门保管提存物的费用
	在债权人与提存部门之间	(1) 债权人可以随时领取提存物，但债权人对债务人负有到期债务的，在债权人未履行债务或者未提供担保之前，提存部门根据债务人的要求应当拒绝其领取提存物。

续表

项目	内　　容	
法律效力	在债权人与提存部门之间	(2) 债权人领取提存物的权利，自提存之日起5年内不行使而消灭，提存物扣除提存费用后归国家所有。但是，债权人未履行对债务人的到期债务，或者债权人向提存部门书面表示放弃领取提存物权利的，债务人负担提存费用后有权取回提存物。此5年期间为不变期间，不适用诉讼时效中止、中断或者延长的规定

学习心得

【要点21】免除与混同（掌握）

项目		内容
免除	要件	(1)债权人或者其代理人应向债务人或者其代理人作出抛弃债权的意思表示。 (2)应符合法律行为要件的有关规定，如免除人须具备民事行为能力。 (3)免除不得损害第三人的利益。如债权人免除其债务人的债务，使得债权人无法清偿自身债务，债权人的债权人可以依法行使撤销权，撤销债权人免除债务的行为
	效力	(1)债权人免除债务人部分或者全部债务的，合同的权利义务部分或者全部终止，但是债务人在合理期限内拒绝的除外。 (2)免除债务则债权的从权利，如从属于债权的担保权利、利息权利、违约金请求权等也随之消灭。 (3)债权人免除连带债务人之一的债务的，其余连带债务人在扣除该连带债务人应分担的份额后，仍应就剩余债务承担连带责任

续表

项目	内　　容	
混同	效力	(1) 合同关系及其他债之关系消灭，附属于主债务的从权利和从债务也一并消灭。 (2) 混同例外不导致债之关系消灭的情形。 ①债权是他人权利之标的。 ②法律规定混同不发生债之关系消灭效力

学习心得

【要点 22】合同解除（掌握）

项目	内容	
约定解除	协商解除	合同生效后，未履行或者未完全履行之前，当事人以解除合同为目的，经协商一致，可以订立一个解除原来合同的协议，使合同效力消灭。协商解除是当事人基于合意直接消灭原合同关系
	约定解除权	解除权可以在订立合同时约定，也可以在履行合同的过程中约定；可以约定一方解除合同的权利，也可以约定双方解除合同的权利。约定解除权是双方在解除事由发生前的约定，是给予当事人解除权，并非直接消灭合同，合同是否消灭取决于当事人是否行使解除权
法定解除	法定解除权取得的原因	（1）因不可抗力致使不能实现合同目的。 （2）预期违约。 （3）当事人一方迟延履行主要债务，经催告后在合理期限内仍未履行。 （4）当事人一方迟延履行债务或者有其他违约行为致使不能实现合同目的。 （5）法律规定的其他情形

续表

项目	内　容	
法定解除	法定解除权的行使	（1）法定解除权行使的主体应限于守约方。 （2）享有解除权的一方向对方表示解除的意思。 （3）对于解除权行使有异议的，应诉诸司法程序。 （4）解除权应在法定期限内行使
合同解除的效力	（1）合同解除后尚未履行的，终止履行；已经履行的，根据履行情况和合同性质，当事人可以要求恢复原状、采取其他补救措施，并有权要求赔偿损失。 （2）合同的权利义务终止，不影响合同中结算和清理条款的效力。 （3）合同因违约解除的，解除权人可以请求违约方承担违约责任，但是当事人另有约定的除外。 （4）主合同解除后，担保人对债务人应当承担的民事责任仍应当承担担保责任，但是担保合同另有约定的除外	

当合同履行满足情势变更诸要件，且当事人在合理期限内协商不成的，可

以通过司法途径请求变更或者解除合同，但是否允许变更或者解除合同属于司法决定权。

（1）情势变更：合同成立后，合同的基础条件发生了当事人在订立合同时无法预见的、不属于商业风险的重大变化，继续履行合同对于当事人一方明显不公平的。

（2）重大变化：合同成立后，因政策调整或者市场供求关系异常变动等原因导致价格发生当事人在订立合同时无法预见的、不属于商业风险的涨跌，继续履行合同对于当事人一方明显不公平的，人民法院应当认定合同的基础条件发生了“重大变化”。但是，合同涉及市场属性活跃、长期以来价格波动较大的大宗商品以及股票、期货等风险投资型金融产品的除外。

【要点 23】违约责任的概念与基本构成（熟悉）

项目	内　容
概念	合同当事人一方或者双方不履行合同义务或者履行合同义务不符合约定时，依照法律规定或者合同约定所承担的法律责任
基本构成	一般违约责任的构成要件仅包括违约行为以及无法定或者约定的免责事由。 违约行为分为实际违约与预期违约。实际违约包括履行不能、履行拒绝、履行迟延与不完全履行。预期违约，即当事人一方明确表示或者以自己的行为表明不履行合同义务，则对方可以在履行期限届满前请求其承担违约责任

【要点24】承担违约责任的形式（掌握）

项目	内　容
继续履行	（1）当事人一方未支付价款、报酬、租金、利息，或者不履行其他金钱债务的，对方可以请求其支付。 （2）当事人一方不履行非金钱债务或者履行非金钱债务不符合约定的，对方可以要求履行，但有下列情形之一的除外：①法律上或者事实上不能履行；②债务的标的不适于强制履行或者履行费用过高，前者如以具有人身性质的劳务为债务的，后者指履行费用大大超过实际履行合同所能获得的利益；③债权人在合理期限内未请求履行
采取补救措施	当事人一方履行合同义务不符合约定的，应当按照当事人的约定承担违约责任。受损害方可以根据受损害的性质以及损失的大小，合理选择要求对方适当履行，如采取修理、重作、更换、退货、减少价款或者报酬等措施，也可以选择解除合同、中止履行合同、通过提存履行债务、行使担保债权等补救措施

续表

项目	内　　容
赔偿损失	当事人一方不履行合同义务或者履行合同义务不符合约定而给对方造成损失的，依法或者根据合同约定应承担赔偿对方当事人所受损失的责任。 当事人一方违约后，对方应当采取适当措施防止损失的扩大；没有采取适当措施致使损失扩大的，不得就扩大的损失要求赔偿。当事人因防止损失扩大而支出的合理费用，由违约方承担
支付违约金	（1）约定的违约金低于造成的损失的，人民法院或者仲裁机构可以根据当事人的请求予以增加；约定的违约金过分高于造成的损失的，人民法院或者仲裁机构可以根据当事人的请求予以适当减少。 （2）约定的违约金超过造成损失的30%的，人民法院一般可以认定为过分高于造成的损失。恶意违约的当事人一方请求减少违约金的，人民法院一般不予支持裁决。 （3）当事人就迟延履行约定违约金的，违约方支付违约金后，还应当履行债务

续表

项目	内容	
定金责任	定金的种类	（1）违约定金。（2）成约定金。（3）解约定金
	定金的生效	（1）定金合同是实践性合同，从实际交付定金时成立。 （2）定金的数额由当事人约定，但不得超过主合同标的额的20%。超过部分不产生定金的效力。 （3）实际交付的定金数额多于或者少于约定数额，视为变更约定的定金数额。收受定金一方提出异议并拒绝接受定金的，定金合同不成立
	定金的效力	（1）债务人履行债务的，定金应当抵作价款或者收回。 （2）给付定金的一方不履行债务或者履行债务不符合约定，致使不能实现合同目的的，无权请求返还定金；收受定金的一方不履行债务或者履行债务不符合约定，致使不能实现合同目的的，应当双倍返还定金。因不可抗力致使合同不能履行，非违约方主张适用定金罚则的，人民法院不予支持。

续表

项目	内 容	
定金责任	定金的效力	【提示】双方当事人均具有致使不能实现合同目的的违约行为，其中一方请求适用定金罚则的，人民法院不予支持。当事人一方仅有轻微违约，对方具有致使不能实现合同目的的违约行为，轻微违约方主张适用定金罚则，对方以轻微违约方也构成违约为由抗辩的，人民法院对该抗辩不予支持。当事人一方已经部分履行合同，对方接受并主张按照未履行部分所占比例适用定金罚则的，人民法院应予支持。对方主张按照合同整体适用定金罚则的，人民法院不予支持，但是部分未履行致使不能实现合同目的的除外。 (3) 当事人既约定违约金，又约定定金的，一方违约时，对方可以选择适用违约金或者定金条款，即二者不能同时主张。买卖合同约定的定金不足以弥补一方违约造成的损失，对方可以请求赔偿超过定金部分的损失，但定金和损失赔偿的数额总和不应高于因违约造成的损失

【要点25】免责事由（熟悉）

项目	内　　容	
法定事由	不可抗力	常见的情形主要包括自然灾害、政府行为或者社会异常事件等。 【提示】当事人迟延履行后发生不可抗力的，不能免除责任
	受害人过错	当事人一方违约造成对方损失，对方对损失的发生有过错的，可以减少相应的损失赔偿额
无效的免责条款	（1）提供格式条款的一方不合理地免除或者减轻其责任，加重对方责任，限制对方主要权利。 （2）约定造成对方人身损害免责或者故意或重大过失造成对方财产损失免责的条款	
特别规定	承运人对运输过程中货物的毁损、灭失承担赔偿责任。但是，承运人证明货物的毁损、灭失是因不可抗力、货物本身的自然性质或者合理损耗以及托运人、收货人的过错造成的，不承担赔偿责任	

【要点 26】买卖合同的标的物（熟悉）

项目	内　　容
标的物交付和所有权转移	(1) 标的物为动产的，所有权自标的物交付时起转移；标的物为不动产的，所有权自标的物登记时起转移。 (2) 因标的物的主物不符合约定而解除合同的，解除合同的效力及于从物。因标的物的从物不符合约定被解除的，解除的效力不及于主物。 (3) 标的物为数物，其中一物不符合约定的，买受人可以就该物解除，但该物与他物分离使标的物的价值显受损害的，当事人可以就数物解除合同。 (4) 出卖人分批交付标的物的，出卖人对其中一批标的物不交付或者交付不符合约定，致使该批标的物不能实现合同目的的，买受人可以就该批标的物解除。 (5) 买受人拒绝接收多交部分标的物的，可以代为保管多交部分标的物。买受人主张出卖人负担代为保管期间的合理费用的，人民法院应予支持。 (6) 出卖人仅以增值税专用发票及税款抵扣资料证明其已履行交付标的物义务，买受人不认可的，出卖人应当提供其他证据证明交付标的物的事实

续表

项目	内　　容
标的物毁损、灭失风险的承担	(1) 标的物毁损、灭失的风险，在标的物交付之前由出卖人承担，交付之后由买受人承担，但是法律另有规定或者当事人另有约定的除外。因买受人的原因致使标的物不能按照约定的期限交付的，买受人应当自违反约定之日起承担标的物毁损、灭失的风险。 (2) 在标的物由出卖人负责办理托运，承运人系独立于买卖合同当事人之外的运输业者的情况下，如买卖双方当事人没有约定交付地点或者约定不明确，出卖人将标的物交付给第一承运人后，标的物毁损、灭失的风险由买受人承担。当事人另有约定的除外。 (3) 出卖人根据合同约定将标的物运送至买受人指定地点并交付给承运人后，标的物毁损、灭失的风险由买受人负担。当事人另有约定的除外。 (4) 出卖人按照约定或者依照法律规定将标的物置于交付地点，买受人违反约定没有收取的，标的物毁损、灭失的风险自违反约定之日起由买受人承担。 (5) 出卖人出卖交由承运人运输的在途标的物，除当事人另有约定外，毁损、灭失的风险自合同成立时起由买受人承担。

续表

项目	内 容
标的物毁损、灭失风险的承担	(6) 出卖人按照约定未交付有关标的物的单证和资料的，不影响标的物毁损、灭失风险的转移。标的物毁损、灭失的风险由买受人承担的，不影响因出卖人履行债务不符合约定，买受人要求其承担违约责任的权利。 (7) 当事人对风险负担没有约定，标的物为种类物，出卖人未以装运单据、加盖标记、通知买受人等可识别的方式清楚地将标的物特定于买卖合同，买受人主张不负担标的物毁损、灭失的风险的，人民法院应予支持。 (8) 因标的物质量不符合要求，致使不能实现合同目的的，买受人可以拒绝接受标的物或者解除合同。买受人拒绝接受标的物或者解除合同的，标的物毁损、灭失的风险由出卖人承担
标的物检验	(1) 当事人没有约定检验期限的，买受人应当在发现或者应当发现标的物的数量或者质量不符合约定的合理期限内通知出卖人。买受人在合理期限内未通知或者自收到标的物之日起 2 年内未通知出卖人的，视为标的物的数量或者质量符合约定。

续表

项目	内容
标的物检验	【提示】①“2 年”是最长的合理期限。该期限为不变期间，不适用诉讼时效中止、中断或者延长的规定。但是，对标的物有质量保证期的，适用质量保证期，不适用该 2 年的规定。②出卖人知道或者应当知道提供的标的物不符合约定的，买受人不受上述有关“检验期间”“合理期间”“2 年期间”的通知时间的限制。 (2) 当事人约定的检验期限过短，根据标的物的性质和交易习惯，买受人在检验期限内难以完成全面检验的，该期限仅视为买受人对标的物的外观瑕疵提出异议的期限。 (3) 当事人对标的物的检验期间未作约定，买受人签收的送货单、确认单等载明标的物数量、型号、规格的，推定买受人已对数量和外观瑕疵进行了检验，但有相反证据足以推翻的除外。 (4) 买受人在合理期限内提出异议，出卖人以买受人已经支付价款、确认欠款数额、使用标的物等为由，主张买受人放弃异议的，人民法院不予支持，但当事人另有约定的除外。 (5) 出卖人依照买受人的指示向第三人交付标的物，出卖人和买受人之间约定的检验标准与买受人和第三人之间约定的检验标准不一致的，应当以出卖人和买受人之间约定的检验标准为标的物的检验标准

提示

（1）标的物为无须以有形载体交付的电子信息产品，当事人对交付方式约定不明确，且依照《民法典》第五百一十条的规定仍不能确定的，买受人收到约定的电子信息产品或者权利凭证即为交付；（2）出卖具有知识产权的计算机软件等标的物的，除法律另有规定或者当事人另有约定的以外，该标的物的知识产权不属于买受人。

【要点 27】买卖双方当事人的权责（熟悉）

项目	内容
出卖人的权责	（1）出卖人应当履行向买受人交付标的物或者交付提取标的物的单证，并转移标的物所有权的义务。 （2）出卖人应当按照约定的期限交付标的物。 （3）出卖人应当按照约定的地点交付标的物。标的物需要运输的，出卖人应当将标的物交付给第一承运人以运交给买受人。 （4）出卖人应当按照约定的质量要求交付标的物。 （5）出卖人应当按照约定的包装方式交付标的物。 （6）出卖人应保证标的物的价值或者使用效果。 （7）买受人在检验期间、质量保证期间、合理期间内提出质量异议，出卖人未按要求予以修理或者因情况紧急，买受人自行或者通过第三人修理标的物后，主张出卖人负担因此发生的合理费用的，人民法院应予支持。 （8）出卖人没有履行或者不当履行从给付义务，致使买受人不能实现合同目的，买受人主张解除合同的，应予支持。 （9）出卖人就交付的标的物，负有保证第三人不得向买受人主张任何权利的义务，但买受人订立合同时知道或者应当知道第三人对买卖的标的物享有权利的，出卖人不承担该义务。

续表

项目	内　容
出卖人的权责	(10) 合同约定减轻或者免除出卖人对标的物的瑕疵担保责任，但出卖人故意或者因重大过失不告知买受人标的物的瑕疵，出卖人无权主张减轻或者免除责任。 (11) 买受人在缔约时知道或者应当知道标的物质量存在瑕疵，主张出卖人承担瑕疵担保责任的，人民法院不予支持，但买受人在缔约时不知道该瑕疵会导致标的物的基本效用显著降低的除外
买受人的权责	(1) 买卖合同中买受人应当按照约定的数额和支付方式支付价款。 (2) 买受人应当按照约定的地点支付价款。 (3) 买受人应当按照约定的时间支付价款。 (4) 分期付款的买受人未支付到期价款的金额达到全部价款的1/5，经催告后在合理期限内仍未支付到期价款的，出卖人可以请求买受人支付全部价款或者解除合同。 (5) 标的物质量不符合约定，买受人请求减少价款的，人民法院应予支持

【要点28】所有权保留和试用买卖（熟悉）

项目	内容
所有权保留	（1）仅适用于动产交易，不适用于不动产交易。 （2）出卖人对标的物保留的所有权，未经登记，不得对抗善意第三人。 （3）当事人约定出卖人保留合同标的物的所有权，在标的物所有权转移前，买受人有下列情形之一，造成出卖人损害的，除当事人另有约定外，出卖人有权取回标的物：①未按照约定支付价款，经催告后在合理期限内仍未支付；②未按照约定完成特定条件；③将标的物出卖、出质或者作出其他不当处分。 【提示】买受人已经支付标的物总价款的75%以上，出卖人主张取回标的物的，人民法院不予支持。 （4）在将标的物出卖、出质或者作出其他不当处分的情形下，第三人依据《民法典》的规定已经善意取得标的物所有权或者其他物权，出卖人不得主张取回标的物。 （5）取回的标的物价值显著减少，出卖人可以请求买受人赔偿损失。 （6）出卖人依法取回标的物后，买受人在双方约定或者出卖人指定的合理回赎期限内，消除出卖人取回标的物的事由的，可以请求回赎标的物。 （7）买受人在回赎期限内没有回赎标的物，出卖人可以以合理价格将标的物出卖给第三人，出卖所得价款扣除买受人未支付的价款以及必要费用后仍有剩余的，应当返还买受人；不足部分由买受人清偿

续表

项目	内 容
试用买卖	(1) 试用买卖的买受人在试用期内可以购买标的物，也可以拒绝购买。试用期限届满，买受人对是否购买标的物未作表示的，视为购买。 (2) 试用买卖的买受人在试用期内已经支付部分价款或者对标的物实施出卖、出租、设立担保物权等行为的，视为同意购买。 (3) 买卖合同存在下列约定内容之一的，不属于试用买卖：①约定标的物经过试用或者检验符合一定要求时，买受人应当购买标的物；②约定第三人经试验对标的物认可时，买受人应当购买标的物；③约定买受人在一定期间内可以调换标的物；④约定买受人在一定期间内可以退还标的物。 (4) 试用买卖的当事人没有约定使用费或者约定不明确，出卖人无权主张买受人支付使用费。 (5) 标的物在试用期内毁损、灭失的风险由出卖人承担

【要点29】商品房买卖合同（熟悉）

项目	内容
商品房销售广告的性质	商品房的销售广告和宣传资料为要约邀请，但是出卖人就商品房开发规划范围内的房屋及相关设施所作的说明和允诺具体确定，并对商品房买卖合同的订立以及房屋价格的确定有重大影响的，应当视为要约
商品房预售合同的效力	出卖人预售商品房，必须申领商品房预售许可证明
解除权的行使	(1) 因房屋主体结构质量不合格不能交付使用，或者房屋交付使用后，房屋主体结构质量经核验确属不合格，买受人请求解除合同和赔偿损失的，应予支持。 (2) 因房屋质量问题严重影响正常居住使用，买受人请求解除合同和赔偿损失的，应予支持。 (3) 出卖人迟延交付房屋或者买受人迟延支付购房款，经催告后在3个月的合理期限内仍未履行，当事人一方请求解除合同的，应予支持，但当事人另有约定的除外。法律没有规定或者当事人没有约定，经对方当事人催告后，解除权行使的合理期限为3个月。对方当事人没有催告的，解除权应当在解除权发生之日起1年内行使；逾期不行使的，解除权消灭

续表

项目	内　　容
商品房买卖中贷款合同的效力	因当事人一方原因未能订立商品房担保贷款合同并导致商品房买卖合同不能继续履行的，对方当事人可以请求解除合同和赔偿损失
商品房消费者权利保护	（1）商品房消费者以居住为目的购买房屋并已支付全部价款，主张其房屋交付请求权优先于建设工程价款优先受偿权、抵押权以及其他债权的，人民法院应当予以支持。只支付了部分价款的商品房消费者，在一审法庭辩论终结前已实际支付剩余价款的，可以适用该规定。 （2）在房屋不能交付且无实际交付可能的情况下，商品房消费者主张价款返还请求权优先于建设工程价款优先受偿权、抵押权以及其他债权的，人民法院应当予以支持

【要点 30】赠与合同（熟悉）

<table>
<tr><th>项目</th><th colspan="2">内　　容</th></tr>
<tr><td>当事人的权利义务</td><td colspan="2">（1）经过公证的赠与合同或者依法不得撤销的具有救灾、扶贫、助残等公益、道德义务性质的赠与合同，赠与人不交付赠与财产的，受赠人可以请求交付。
（2）因赠与人故意或者重大过失致使应当交付的赠与财产毁损、灭失的，赠与人应当承担损害赔偿责任。
（3）赠与可以附义务。
（4）赠与人的经济状况显著恶化，严重影响其生产经营或者家庭生活的，可以不再履行赠与义务</td></tr>
<tr><td>赠与的撤销</td><td>任意撤销</td><td>对于赠与人任意撤销权的限制：
（1）赠与合同经公证机关公证后，不得撤销。
（2）赠与的财产权利已转移至受赠人，不得撤销赠与。
（3）依法不得撤销的具有救灾、扶贫、助残等公益、道德义务性质的赠与合同，不得撤销</td></tr>
</table>

续表

项目	内　容	
赠与的撤销	法定撤销	可以撤销赠与的法定情形： （1）受赠人严重侵害赠与人或者赠与人近亲属的合法权益。 （2）受赠人对赠与人有扶养义务而不履行。 （3）受赠人不履行赠与合同约定的义务（主要发生在附义务赠与场合）。 因受赠人的违法行为致使赠与人死亡或者丧失民事行为能力的，赠与人的继承人或者法定代理人可以撤销赠与。 【提示】赠与人的撤销权，自知道或者应当知道撤销事由之日起1年内行使。赠与人的继承人或者法定代理人的撤销权，自知道或者应当知道撤销事由之日起6个月内行使

提示

赠与的财产有瑕疵：（1）赠与的财产有瑕疵的，赠与人不承担责任。（2）附义务的赠与，赠与的财产有瑕疵的，赠与人在附义务的限度内承担与出卖人相同的责任。（3）赠与人故意不告知瑕疵或者保证无瑕疵，造成受赠人损失的，应当承担损害赔偿责任。

【要点31】借款合同（掌握）

项目	内　容
当事人的权利义务	（1）借款人未按照约定的借款用途使用借款的，贷款人可以停止发放借款，提前收回借款或者解除合同。 （2）贷款人未按照约定的日期、数额提供借款，造成借款人损失的，应当赔偿损失。借款人未按照约定的日期、数额收取借款的，应当按照约定的日期、数额支付利息。 （3）借款人应当按照约定的期限返还借款。对借款期限没有约定或者约定不明确时，当事人可以协议补充；不能达成补充协议的，借款人可以随时返还，贷款人也可以催告借款人在合理期限内返还
借款利息的规定	（1）借款的利息不得预先在本金中扣除。利息预先在本金中扣除的，应当按照实际借款数额返还借款并计算利息。 【提示】预先扣除利息实际上是变相的高利贷，增加了借款人不当的风险与负担。 （2）禁止高利放贷，借款的利率不得违反国家有关规定。 （3）借款合同对支付利息没有约定的，视为没有利息。 （4）借款合同对支付利息约定不明确，当事人不能达成补充协议的，按照当地或者当事人的交易方式、交易习惯、市场利率等因素确定利息；自然人之间借款的，视为没有利息。

续表

项目	内　　容
借款利息的规定	(5) 在自然人、法人和非法人组织之间进行资金融通的行为（以下简称民间借贷）中，出借人请求借款人按照合同约定利率支付利息的，人民法院应予支持，但是双方约定的利率超过合同成立时1年期贷款市场报价利率4倍的除外。 【提示】“1年期贷款市场报价利率”，是指中国人民银行授权全国银行间同业拆借中心自2019年8月20日起每月发布的1年期贷款市场报价利率。 (6) 在民间借贷中，借贷双方对前期借款本息结算后将利息计入后期借款本金并重新出具债权凭证，如果前期利率没有超过合同成立时1年期贷款市场报价利率的4倍，则重新出具的债权凭证载明的金额可认定为后期借款本金。超过部分的利息，不应认定为后期借款本金。 (7) 在民间借贷中借贷双方对逾期利率有约定的，从其约定，但是以不超过合同成立时1年期贷款市场报价利率4倍为限。 (8) 在民间借贷中出借人与借款人既约定了逾期利率，又约定了违约金或者其他费用，出借人可以选择主张逾期利息、违约金或者其他费用，也可以一并主张，但是总计超过合同成立时1年期贷款市场报价利率4倍的部分，人民法院不予支持

续表

项目	内　容
利息支付期限	对支付利息的期限没有约定或者约定不明确的，当事人可以协议补充；不能达成补充协议时，借款期间不满1年的，应当在返还借款时一并支付；借款期间1年以上的，应当在每届满1年时支付，剩余期间不满1年的，应当在返还借款时一并支付

学习心得

【要点32】保证合同（熟悉）

项目	内　　容
概念	保证合同是为保障债权的实现，保证人和债权人约定，当债务人不履行到期债务或者发生当事人约定的情形时，保证人履行债务或者承担责任的合同
主体与订立形式	（1）订立主体：保证人与债权人。 （2）订立形式：书面形式（可以是单独订立的书面合同，也可以是主债权债务合同中的保证条款）
保证合同的成立	（1）一般规定：第三人单方以书面形式向债权人作出保证，债权人接收且未提出异议的，保证合同成立。 （2）保证合同关系的认定： ①第三人向债权人提供差额补足、流动性支持等类似承诺文件作为增信措施，具有提供担保的意思表示，债权人请求第三人承担保证责任的，人民法院应当依照保证的有关规定处理。②第三人向债权人提供的承诺文件，具有加入债务或者与债务人共同承担债务等意思表示的，人民法院应当认定为债务加入。 【提示】上述中第三人提供的承诺文件难以确定是保证还是债务加入的，人民法院应当将其认定为保证

续表

项目		内　　容
保证合同的从属性		保证合同是主债权债务合同的从合同。主债权债务合同无效的，保证合同无效，但是法律另有规定的除外
保证人	一般规定	（1）保证人可以是具有完全民事行为能力的自然人及法人、非法人组织。 （2）不具有完全代偿能力的法人、其他组织或者自然人，以保证人身份订立保证合同后，不得以自己没有代偿能力要求免除保证责任
	保证人资格的限制	（1）机关法人原则上不得为保证人。但是，经过国务院批准，为使用外国政府或者国际经济组织贷款进行转贷而发生的债权，机关法人可以充当保证人。 （2）居民委员会、村民委员会不得为保证人。但是，依法代行村集体经济组织职能的村民委员会，依照村民委员会组织法规定的讨论决定程序对外提供担保的除外。

续表

项目		内　　容
保证人	保证人资格的限制	(3) 以公益为目的的非营利法人、非法人组织不得为保证人。以公益为目的的非营利性学校、幼儿园、医疗机构、养老机构等提供担保的，人民法院应当认定担保合同无效，但是有下列情形之一的除外：①在购入或者以融资租赁方式承租教育设施、医疗卫生设施、养老服务设施和其他公益设施时，出卖人、出租人为担保价款或者租金实现而在该公益设施上保留所有权；②以教育设施、医疗卫生设施、养老服务设施和其他公益设施以外的不动产、动产或者财产权利设立担保物权

【要点33】保证方式（熟悉）

项目		内　　容
一般保证	认定	当事人在保证合同中约定了保证人在债务人不能履行债务或者无力偿还债务时才承担保证责任等类似内容，具有债务人应当先承担责任的意思表示的，应当将其认定为一般保证
	先诉抗辩权	（1）在主合同纠纷未经审判或者仲裁，并就债务人财产依法强制执行仍不能履行债务前，保证人对债权人可拒绝承担保证责任。 （2）有下列情形之一的，保证人不得行使先诉抗辩权：①债务人住所变更，致使债权人要求其履行债务发生重大困难的，如债务人下落不明、移居境外，且无财产可供执行；②人民法院受理债务人破产案件，中止执行程序的；③债权人有证据证明债务人的财产不足以履行全部债务或者丧失履行债务能力的；④保证人以书面形式放弃先诉抗辩权的。 （3）一般保证的保证人在主债权履行期间届满后，向债权人提供了债务人可供执行财产的真实情况的，债权人放弃或者怠于行使权利致使该财产不能被执行，保证人在其提供可供执行财产的实际价值范围内不再承担保证责任

续表

项目		内　容
一般保证	程序规定	(1) 债权人未就主合同纠纷提起诉讼或者申请仲裁，仅起诉一般保证人的，人民法院应当驳回起诉。 (2) 债权人一并起诉债务人和保证人的，人民法院可以受理，但是在作出判决时，除有前述保证人不得行使先诉抗辩权的情形外，应当在判决书主文中明确，保证人仅对债务人财产依法强制执行后仍不能履行的部分承担保证责任。 (3) 债权人未对债务人的财产申请保全，或者保全的债务人的财产足以清偿债务，债权人申请对一般保证人的财产进行保全的，人民法院不予准许。 (4) 一般保证的债权人取得对债务人赋予强制执行效力的公证债权文书后，在保证期间内向人民法院申请强制执行，保证人以债权人未在保证期间内对债务人提起诉讼或者申请仲裁为由主张不承担保证责任的，人民法院不予支持

续表

<table>
<tr><th colspan="2">项目</th><th>内　　容</th></tr>
<tr><td rowspan="2">连带责任保证</td><td>认定</td><td>当事人在保证合同中约定了保证人在债务人不履行债务或者未偿还债务时即承担保证责任、无条件承担保证责任等类似内容，不具有债务人应当先承担责任的意思表示的，应当将其认定为连带责任保证。
【提示】当事人对保证方式没有约定或者约定不明确的，按照一般保证承担保证责任</td></tr>
<tr><td>效力</td><td>连带责任保证的债务人不履行到期债务或者发生当事人约定的情形时，债权人可以要求债务人履行债务，也可以要求保证人在其保证范围内承担保证责任</td></tr>
</table>

连带责任保证与连带共同保证的区别：

	连带责任保证	连带共同保证
保证的方式	保证	共同保证
保证人数量	一个保证人	两个或两个以上保证人
连带的主体	保证人与债务人	多个保证人之间

学习心得

【要点 34】保证责任（熟悉）

项目	内容
保证期间的长度与起算点	（1）保证人与债权人未约定保证期间的，保证期间为 **6 个月**。 （2）保证合同约定的保证期间早于或者等于主债务履行期限的，视为没有约定，保证期间为**主债务履行期届满之日起 6 个月**。 （3）债权人与债务人对主债务履行期限没有约定或者约定不明的，保证期间自债权人请求债务人履行义务的**宽限期届满之日**起计算。 （4）保证人与债权人协议在最高债权额限度内就一定期间连续发生的债权作保证，未约定保证期间的，保证人可以随时书面通知债权人终止保证合同，但保证人对于通知到债权人前所发生的债权，承担保证责任
保证期间的效力规定	（1）债权人在保证期间内未依法行使权利的，保证责任消灭。 （2）保证人如果有数人，债权人应在保证期间内依法向每一个保证人主张保证责任，否则，对于保证期间内未被主张保证责任的部分保证人，其保证责任仍归于消灭。

续表

项目	内容	
保证期间的效力规定	(3) 一般保证的债权人在保证期间内对债务人提起诉讼或者申请仲裁后，又撤回起诉或者仲裁申请，债权人在保证期间届满前未再行提起诉讼或者申请仲裁，保证人主张不再承担保证责任的，人民法院应予支持；连带责任保证的债权人在保证期间内对保证人提起诉讼或者申请仲裁后，又撤回起诉或者仲裁申请，起诉状副本或者仲裁申请书副本已经送达保证人的，人民法院应当认定债权人已经在保证期间内向保证人行使了权利。 (4) 保证责任消灭后，债权人书面通知保证人要求承担保证责任，保证人在通知书上签字、盖章或者按指印，债权人请求保证人继续承担保证责任的，人民法院不予支持，但是债权人有证据证明成立了新的保证合同的除外	
保证债务的诉讼时效	期间	保证债务诉讼时效为普通诉讼时效，期间为 **3 年**
	起算点	(1) 一般保证的债权人在保证期间届满前对债务人提起诉讼或者申请仲裁的，从保证人拒绝承担保证责任的权利（先诉抗辩权）消灭之日起，开始计算保证债务的诉讼时效。 (2) 连带责任保证的债权人在保证期间届满前请求保证人承担保证责任的，从债权人请求保证人承担保证责任之日起，开始计算保证合同的诉讼时效。

续表

项目	内　　容	
保证债务的诉讼时效	起算点	（3）保证人对债务人行使追偿权的诉讼时效，自保证人向债权人承担责任之日起开始计算
主合同变更与保证责任承担	主债权转让	在保证期间内，债权人依法将主债权转让给第三人并通知保证人的，保证债权同时转让，保证人在原保证担保的范围内对受让人承担保证责任；未通知保证人的，该转让对保证人不发生效力。但是，保证人与债权人事先约定仅对特定的债权人承担保证责任或者禁止债权转让的，债权人未经保证人书面同意转让债权的，保证人对于受让人不再承担保证责任
	主债务转移	保证期间，债权人许可债务人转让债务的，应当取得保证人书面同意，保证人对未经其同意转让的债务部分，不再承担保证责任

续表

项目	内容	
主合同变更与保证责任承担	第三人债务加入	第三人加入债务的，保证人的保证责任不受影响
	主合同内容变更	(1) 保证期间，债权人与债务人对主合同数量、价款、币种、利率等内容做了变动，未经保证人书面同意的，如果减轻债务人债务的，保证人仍应当对变更后的合同承担保证责任；如果加重债务人债务的，保证人对加重的部分不承担保证责任。 (2) 债权人与债务人对主合同履行期限做了变动，未经保证人书面同意的，保证期间为原合同约定的或者法律规定的期间。 (3) 债权人与债务人协议变更主合同内容，但并未实际履行的，保证人仍应当承担保证责任
保证担保与物的担保并存的保证责任	(1) 同一债权既有保证又有物的担保的，属于共同担保。 (2) 被担保的债权既有物的担保又有人的担保，债务人不履行到期债务或者发生当事人约定的实现担保物权的情形，债权人应当按照约定实现债权；没有约定或者约定不明确，债务人自己提供物的担保的，债权人应当先就该物的担保实现债权；第三人提供物的担保的，债权人可以就物的担保实现债权，也可以请求保证人承担保证责任。提供担保的第三人承担担保责任后，有权向债务人追偿	

续表

项目	内　　容	
保证人的权利	抗辩权	债务人对债权人享有抵销权或者撤销权的，保证人可以在相应范围内拒绝承担保证责任
	追偿权	保证人承担保证责任后，有权向债务人追偿

保证人的追偿权：

（1）保证期间，人民法院受理债务人破产案件的，债权人既可以向人民法院申报债权，也可以向保证人主张权利。（2）债权人申报债权后在破产程序中未受清偿的部分，保证人仍应当承担保证责任。（3）债权人要求保证人承担保证责任的，应当在破产程序终结后6个月内提出。（4）债权人知道或者应当知道债务人破产，既未申报债权也未通知保证人，致使保证人不能预先行使追偿权的，保证人在该债权破产程序中可能受偿的范围内免除保证责任。

(5) 人民法院受理债务人破产案件后，债权人未申报债权的，各连带共同保证的保证人应当作为一个主体申报债权，预先行使追偿权。

学习心得

【要点35】租赁合同（掌握）

项目	内　　容
租赁期限	(1) 租赁合同中租赁期限为**6个月以上**的，应当采用书面形式。当事人未采用书面形式无法确定租赁期限的，视为不定期租赁。 (2) 租赁期限**不得超过20年**。超过20年的，超过部分无效。 (3) 当事人对租赁期限没有约定或者约定不明确，可以协议补充，不能达成补充协议的，按照合同有关条款或者交易习惯确定，仍不能确定的，视为不定期租赁。对于不定期租赁，当事人可以随时解除合同，但是应当在合理期限之前通知对方
租赁物的维修	(1) 出租人应当履行租赁物的维修义务，但当事人另有约定的除外。 (2) 出租人未履行维修义务的，承租人可以自行维修，维修费用由出租人负担。 (3) 因维修租赁物影响承租人使用的，应当相应减少租金或者延长租期。 (4) 因承租人的过错致使租赁物需要维修的，出租人不承担前款规定的维修义务

续表

项目	内　　容
租赁物的转租	(1) 承租人经出租人的同意，可以将租赁物转租给第三人，承租人与出租人之间的租赁合同仍然有效，第三人对租赁物造成损失的，承租人应当赔偿损失。 (2) 承租人未经出租人同意转租的，出租人可以解除合同。 (3) 出租人知道或者应当知道承租人转租，但是在6个月内未提出异议的，视为出租人同意转租。 (4) 承租人拖欠租金的，次承租人可以代承租人支付其欠付的租金和违约金，但是转租合同对出租人不具有法律约束力的除外。 (5) 次承租人代为支付的租金和违约金，可以充抵次承租人应当向承租人支付的租金；超出其应付的租金数额的，可以向承租人追偿
租赁合同的解除	(1) 承租人未经出租人同意转租的或无正当理由未支付或者迟延支付租金的，出租人可以解除合同。 (2) 因不可归责于承租人的事由，致使租赁物部分或者全部毁损、灭失的，承租人可以要求减少租金或者不支付租金；因租赁物部分或者全部毁损、灭失，致使不能实现合同目的的，承租人可以解除合同。 (3) 租赁物危及承租人的安全或者健康的，即使承租人订立合同时明知该租赁物质量不合格，承租人仍然可以随时解除合同

续表

项目	内　　容
房屋租赁合同	(1) 房屋租赁合同的效力。①出租人就未取得建设工程规划许可证或者未按照建设工程规划许可证的规定建设的房屋，与承租人订立的租赁合同无效。但在一审法庭辩论终结前取得建设工程规划许可证或者经主管部门批准建设的，人民法院应当认定有效。②出租人就未经批准或者未按照批准内容建设的临时建筑，与承租人订立的租赁合同无效。但在一审法庭辩论终结前经主管部门批准建设的，人民法院应当认定有效。③租赁期限超过临时建筑的使用期限，超过部分无效。但在一审法庭辩论终结前经主管部门批准延长使用期限的，人民法院应当认定延长使用期限内的租赁期间有效。④出租人就同一房屋订立数份租赁合同，在合同均有效的情况下，承租人均主张履行合同的，人民法院按照下列顺序确定履行合同的承租人：第一，已经合法占有租赁房屋的；第二，已经办理登记备案手续的；第三，合同成立在先的。⑤不能取得租赁房屋的承租人可以依法请求解除合同、赔偿损失。⑥房屋租赁合同无效，当事人请求参照合同约定的租金标准支付房屋占有使用费的，人民法院一般应予支持。(2) 承租人的优先购买权。出租人出卖出租房屋的，应当在出卖之前的合理期限内通知承租人，承租人享有以同等条件优先购买的权利。

续表

项目	内　　容
房屋租赁合同	(3)“买卖不破租赁”原则。租赁房屋在租赁期间发生所有权变动，承租人请求房屋受让人继续履行原租赁合同的，人民法院应予支持。但租赁房屋具有下列情形或者当事人另有约定的除外：①房屋在出租前已设立抵押权，因抵押权人实现抵押权发生所有权变动的。②房屋在出租前已被人民法院依法查封的

提示

出租人出卖租赁房屋的，应当在出卖之前的合理期限内通知承租人，承租人享有以同等条件优先购买的权利；但是，房屋按份共有人行使优先购买权或者出租人将房屋出卖给近亲属的除外。出租人履行通知义务后，承租人在15日内未明确表示购买的，视为承租人放弃优先购买权。出租人委托拍卖人拍卖租赁房屋的，应当在拍卖5日前通知承租人。承租人未参加拍卖的，视为放弃优先购买权。

【要点36】融资租赁合同（掌握）

项目	内容	
概述	概念	融资租赁合同是出租人根据承租人对出卖人、租赁物的选择，向出卖人购买租赁物，提供给承租人使用，承租人支付租金的合同
	出租人资格	出租人必须是从事融资租赁业务的租赁公司或者其他经过批准兼营租赁业务的公司
	效力	（1）当事人以虚构租赁物方式订立的融资租赁合同无效。 （2）对于租赁物的经营使用应当取得行政许可的，出租人未取得行政许可不影响融资租赁合同的效力
	租金的确定	除当事人另有约定的以外，应当根据购买租赁物的大部分或者全部成本以及出租人的合理利润确定

续表

<table>
<tr><th>项目</th><th colspan="2">内　　容</th></tr>
<tr><td rowspan="2">当事人的权利义务</td><td>出租人</td><td>(1) 出租人根据承租人对出卖人、租赁物的选择订立的买卖合同，未经承租人同意，出租人不得变更与承租人有关的合同内容。
(2) 出租人应当保证承租人对租赁物的占有和使用，租赁物不符合约定或者不符合使用目的的，出租人不承担责任，但承租人依赖出租人的技能确定租赁物或者出租人干预选择租赁物的除外。
(3) 出租人享有租赁物的所有权；承租人破产的，租赁物不属于破产财产。出租人对租赁物享有的所有权，未经登记，不得对抗善意第三人。
(4) 承租人未经出租人同意，将租赁物转让、抵押、质押、投资入股或者以其他方式处分的，出租人可以解除融资租赁合同。
(5) 出租人、出卖人、承租人可以约定，出卖人不履行买卖合同义务的，由承租人行使索赔的权利。承租人行使索赔权利的，出租人应当协助</td></tr>
<tr><td>承租人</td><td>(1) 承租人享有与受领标的物有关的买受人的权利，承租人应当妥善保管、使用租赁物，履行占有租赁物期间的维修义务。</td></tr>
</table>

续表

项目	内容	
当事人的权利义务	承租人	（2）承租人占有租赁物期间，租赁物造成第三人的人身伤害或者财产损害的，应由承租人赔偿损失，出租人不承担责任。 （3）承租人应按照约定支付租金，经催告后在合理期限内仍不支付租金的，出租人可以要求支付全部租金；也可以解除合同，收回租赁物
合同期限届满时租赁物的归属	（1）当事人约定租赁期间届满租赁物归承租人所有，承租人已经支付大部分租金，但无力支付剩余租金，出租人因此解除合同收回租赁物的，收回的租赁物的价值超过承租人欠付的租金以及其他费用的，承租人可以请求相应返还。 （2）对租赁物的归属没有约定或者约定不明确，可以协议补充，不能达成补充协议的，按照合同有关条款或者交易习惯确定。仍不能确定的，租赁物的所有权归出租人。 （3）当事人约定租赁期限届满，承租人仅需向出租人支付象征性价款的，视为约定的租金义务履行完毕后租赁物的所有权归承租人	

第六章　金融法律制度

- ☞ 掌握票据法的基础理论及汇票、支票的相关规定及相关运用
- ☞ 掌握证券发行制度的规定
- ☞ 掌握保险合同的相关规定
- ☞ 熟悉本票的规定及相关运用
- ☞ 熟悉证券交易、上市公司收购制度的相关规定
- ☞ 熟悉信息披露制度的相关规定
- ☞ 熟悉投资者保护制度的规定
- ☞ 熟悉保险与保险法的基础理论

【要点1】票据法基础理论（掌握）

项目	具体内容
票据的概念	票据的概念有广义和狭义之分。 （1）广义的票据：包括各种有价证券和凭证，如股票、企业债券、发票、提单等。 （2）狭义的票据：包括汇票、本票和支票，是指由出票人依法签发的，约定自己或委托付款人在见票时或指定的日期向收款人或持票人无条件支付确定的金额的有价证券
票据法的概念	票据法的概念有广义和狭义之分。 （1）广义的票据法：是指各种法律规范中有关票据规定的总称，包括专门的票据法律以及其他法律中有关票据的规定。 （2）狭义的票据法：仅指票据的专门立法

【要点 2】票据法上的关系（掌握）

项目	具体内容
票据法上的关系	因票据行为及与票据行为有关的行为而产生的票据当事人之间的法律关系，分为票据法上的票据关系和票据法上的非票据关系
票据法上的票据关系	当事人基于票据行为而产生的票据权利义务关系。 (1) 票据的持有人（持票人）享有票据权利，对在票据上签名的票据债务人可以主张行使票据法规定的相关权利。 (2) 票据上签名的票据债务人负担票据责任（即票据义务），依自己在票据上的签名按照票据上记载的文义承担相应的义务。 (3) 票据关系当事人较复杂，一般包括出票人、收款人、付款人、持票人、承兑人、背书人、被背书人、保证人等。 (4) 票据关系在不同的当事人之间基于不同的票据行为而不同。 (5) 在各种票据关系中，出票人、持票人、付款人三者之间的关系是票据的基本关系

续表

项目	具体内容
票据法上的非票据关系	由票据法直接规定的，不基于票据行为而发生的票据当事人之间与票据有关的法律关系。 （1）票据上的正当权利人对于因恶意而取得票据的人行使票据返还请求权而发生的关系。 （2）因时效届满或手续欠缺而丧失票据上权利的持票人对于出票人或承兑人行使利益偿还请求权而发生的关系。 （3）票据付款人付款后请求持票人交还票据而发生的关系等

【要点 3】票据基础关系（掌握）

项目	具体内容
票据基础关系的概念	票据关系的发生是基于票据的授受行为，当事人之间授受票据则是基于一定的原因或前提，这种授受票据的原因或前提关系即是票据的基础关系。在法理上，票据的基础关系往往都是民法上的法律关系
票据关系与票据的基础关系的联系	（1）一般来说，票据关系的发生总是以票据的基础关系为原因和前提的。票据的签发、取得和转让，应当遵循诚实信用的原则，具有真实的交易关系和债权债务关系。 （2）票据关系一经形成，就与基础关系相分离，基础关系是否存在、是否有效，对票据关系都不起作用。 （3）除非依《票据法》规定，持票人是不履行约定义务的与自己有直接债权债务关系的人，票据债务人才可进行抗辩。此外，票据关系因一定原因失效，也不影响基础关系的效力。 （4）持票人因超过票据权利时效或者因票据记载事项欠缺而丧失票据权利的，仍享有民事权利，可以请求出票人或者承兑人返还其与未支付的票据金额相当的利益

【要点4】票据行为的概念及有效条件（掌握）

项目	具体内容
票据行为的概念	（1）票据行为是指票据当事人以发生票据债务为目的、以在票据上签章为权利义务成立要件的法律行为。 （2）不同的票据所涉及的票据行为是不同的，有些票据行为是汇票、本票、支票共有的行为，如出票、背书，而有的只是某一种票据所独有的行为，如承兑是汇票所独有的行为
票据行为成立的有效条件	票据行为是一种民事法律行为，必须符合民事法律行为成立的一般条件。同时，票据行为又是特殊的要式民事法律行为，必须具备《票据法》规定的特别要件。 （1）行为人必须具有从事票据行为的能力。 （2）行为人的意思表示必须真实或无缺陷。 （3）票据行为的内容必须符合法律、行政法规的规定。 （4）票据行为必须符合法定形式

【要点5】票据行为的法定形式（掌握）

项目	具体内容
关于签章	行为人在票据上签章，可以采用签名、盖章或者签名加盖章的其中之一。电子商业汇票以数据电文形式制作，依托电子商业汇票系统，票据当事人在电子商业汇票上的签章，为该当事人可靠的电子签名。 （1）银行汇票的出票人在票据上的签章和银行承兑汇票的承兑人的签章，应为该银行汇票专用章加其法定代表人或其授权的代理人的签名或者盖章。 （2）商业汇票的出票人在票据上的签章，为该法人或者该单位的财务专用章或者公章加其法定代表人、单位负责人或者其授权的代理人的签名或者盖章。 （3）银行本票的出票人在票据上的签章，应为该银行本票专用章加其法定代表人或者其授权的代理人的签名或者盖章。 （4）单位在票据上的签章，应为该单位的财务专用章或者公章加其法定代表人或其授权的代理人的签名或者盖章。 （5）个人在票据上的签章，应为该个人的签名或者盖章。 （6）支票的出票人和商业承兑汇票的承兑人在票据上的签章，应为其预留银行的签章

续表

项目	具体内容
关于票据记载事项	票据记载事项分为绝对记载事项、相对记载事项、任意记载事项、不生票据上效力记载事项、无益记载事项和有害记载事项。 （1）绝对记载事项：《票据法》明文规定必须记载的，如无记载，票据或票据行为即为无效的事项。 （2）相对记载事项：某些应该记载而未记载，适用《票据法》有关规定而不使票据或票据行为失效的事项。 （3）任意记载事项：《票据法》规定由当事人任意记载、一经记载即发生票据上效力的事项。 （4）不生票据上效力记载事项：在票据上记载《票据法》及《支付结算办法》规定事项以外的不具有票据上的效力，但在直接当事人间发生其他法律上效力的事项。 （5）无益记载事项：行为人记载的不发生任何法律效力，被视为无记载的事项。 （6）有害记载事项：《票据法》禁止记载的，一旦记载会导致票据无效或者票据行为无效的事项

【要点6】票据行为的代理（掌握）

项目	具体内容
条件	（1）票据当事人必须有委托代理的意思表示。 （2）代理人必须按被代理人的委托在票据上签章，否则不产生票据代理的效力。 （3）代理人应在票据上表明代理关系，即注明“代理”字样或类似的文句
无权代理	没有代理权而以代理人名义在票据上签章的，应由签章人承担票据责任，签章人应承担向持票人支付票据金额的义务
越权代理	代理人超越代理权限的，应当就其超越权限的部分承担票据责任

学习心得

【要点7】票据权利（掌握）

项目	具体内容
票据权利的概念	票据权利是指持票人向票据债务人请求支付票据金额的权利，包括付款请求权和追索权
票据权利取得的方式	（1）出票取得。（2）转让取得。（3）通过税收、继承、赠与、企业合并等方式取得票据
票据权利取得的限制	（1）票据的取得，必须给付对价。无对价或者无相当对价取得票据的，不享有票据权利。 （2）因税收、继承、赠与依法无偿取得票据的，不受给付对价的限制。但是，所享有的票据权利不得优于其前手。 （3）因欺诈、偷盗、胁迫、恶意取得票据或因重大过失取得不符合法律规定的票据的，不得享有票据权利
票据权利的行使	票据权利人向票据债务人提示票据，请求实现票据权利的行为。如请求承兑、提示票据请求付款、行使追索权等

续表

项目	具体内容
票据权利的保全	经当事人申请并提供担保，对具有下列情形之一的票据，可以依法采取保全措施或执行措施： （1）不履行约定义务，与票据债务人有直接债权债务关系的票据当事人所持有的票据； （2）持票人恶意取得的票据； （3）应付对价而未付对价的持票人持有的票据； （4）记载有“不得转让”字样而用于贴现的票据； （5）记载有“不得转让”字样而用于质押的票据； （6）法律或司法解释规定有其他情形的票据。 持票人对票据债务人行使票据权利，或者保全票据权利，应当在票据当事人的营业场所和营业时间内进行，票据当事人无营业场所的，应当在其住所进行。 电子商业汇票因行使与保全票据权利必须通过电子商业汇票系统办理，故不受营业场所与营业时间的限制

【要点8】票据权利的补救（掌握）

项目	具体内容
挂失止付	（1）挂失止付并不是票据丧失后票据权利补救的必经程序，而只是一种暂时的预防措施。 （2）可以挂失止付的票据：已承兑的商业汇票、支票、填明“现金”字样和代理付款人的银行汇票、填明“现金”字样的银行本票
公示催告	（1）可以背书转让的票据丧失的，失票人可以申请公示催告。 （2）出票人已经签章的授权补记的支票丧失后，持票人也可以申请公示催告。 （3）公示期间不得少于60日，且公示催告期间届满日不得早于票据付款日后15日。 （4）公示催告期间利害关系人申报权利的，法院应当通知其出示票据，并通知公示催告申请人在指定的期间查看该票据。 （5）公示催告期间无人申报权利，或者申报被驳回的，申请人应当自公示催告期间届满之日起1个月内申请人民法院作出除权判决。 （6）逾期不申请除权判决，应终结公示催告程序，并通知申请人和支付人
普通诉讼	在判决前，丧失的票据出现时，付款人应以该票据正处于诉讼阶段为由暂不付款，并将情况迅速通知失票人和人民法院，人民法院应“终结”诉讼程序

【要点9】票据权利的消灭（掌握）

项目	具体内容
持票人对票据的出票人和承兑人的权利	自票据到期日起2年
持票人对见票即付的汇票、本票的出票人的权利	自出票日起2年
持票人对支票出票人的权利	自出票日起6个月
持票人对前手（不包括出票人）的追索权	自被拒绝承兑或者被拒绝付款之日起6个月
持票人对前手（不包括出票人）的再追索权	自清偿日或者被提起诉讼之日起3个月

学习心得 ________________________________

____

____

【要点10】票据抗辩（掌握）

项目	具体内容
对物抗辩	（1）票据行为不成立而为的抗辩，如票据应记载的内容有欠缺；票据债务人无行为能力；无权代理或超越代理权进行票据行为；票据上有禁止记载的事项（如付款附有条件，记载到期日不合法）；背书不连续；等。 （2）依票据记载不能提出请求而为的抗辩，如票据未到期、付款地不符等。 （3）票据载明的权利已消灭或已失效而为的抗辩，如票据债权因付款、除权判决、时效届满而消灭等。 （4）票据权利的保全手续欠缺而为的抗辩，如应作成拒绝证书而未作等。 （5）票据上有伪造、变造情形而为的抗辩
对人抗辩	票据债务人可以对不履行约定义务的与自己“有直接债权债务关系的”持票人进行抗辩
票据抗辩的限制	（1）票据债务人不得以自己与出票人之间的抗辩事由对抗持票人。 （2）票据债务人不得以自己与持票人的前手之间的抗辩事由对抗持票人。

续表

项目	具体内容
票据抗辩的限制	(3) 凡是善意的、已付对价的正当持票人可以向任何票据债务人请求付款，不受其前手权利瑕疵和前手相互间抗辩的影响。 (4) 持票人因税收、继承、赠与依法无偿取得票据的，由于其享有的权利不能优于其前手，故票据债务人可以对持票人前手的抗辩事由对抗该持票人

学习心得

【要点11】票据的伪造和变造（掌握）

项目	具体内容
票据的伪造	（1）票据的伪造行为是一种扰乱社会经济秩序、损害他人利益的行为，在法律上不具有任何票据行为的效力。由于其自始无效，故持票人即使是善意取得，对被伪造人也不能行使票据权利。 （2）由于伪造人没有以自己的名义签章，因此不承担票据责任。但是，如果伪造人的行为给他人造成损害的，必须承担民事责任；构成犯罪的，还应承担刑事责任。 （3）票据上有伪造签章的，不影响票据上其他真实签章的效力。持票人依法提示承兑、提示付款或者行使追索权时，在票据上真正签章人不能以伪造为由进行抗辩
票据的变造	（1）票据的变造是指无权更改票据内容的人，对票据上签章以外的记载事项加以变更的行为。 （2）票据的变造应依照签章是在变造之前或者之后来承担责任。当事人的签章在变造之前，应当按照原记载的内容负责；当事人的签章在变造之后，则应当按照变造后的记载内容负责。无法辨别签章发生在变造之前还是之后的，视同在变造之前签章

【要点 12】汇票的概念及分类（掌握）

项目	具体内容
汇票的法律特征	(1) 汇票有三方基本当事人，即出票人、付款人和收款人。 (2) 汇票是由出票人委托他人支付的票据，是一种委付证券，而非自付证券。 (3) 汇票是在见票时或指定到期日付款的票据。指定到期日是定日付款、出票后定期付款、见票后定期付款三种形式
汇票的分类	(1) 依出票人的不同，可分为银行汇票和商业汇票。①纸质商业汇票的付款期限最长不得超过 6 个月；②电子商业汇票为定日付款票据，自出票日起至到期日止最长不得超过 1 年；③商业汇票的提示付款期限，自汇票到期日起 10 日。 (2) 依汇票到期日的不同，汇票分为即期汇票和远期汇票。 (3) 依记载收款人的方式不同为标准，汇票可分为记名汇票和无记名汇票。 (4) 依银行对付款的要求不同，汇票可分为跟单汇票和原票

【要点13】汇票的出票（掌握）

项目	具体内容
出票的概念	(1) 出票人依照《票据法》的规定作成票据，即在原始票据上记载法定事项并签章。 (2) 交付票据，即将作成的票据交付给他人占有（电子商业汇票的交付是指出票人将电子商业汇票发送给收款人，且收款人签收的行为）。 以上这两项缺一不可
出票的记载事项	(1) 绝对记载事项。①表明“汇票”的字样；②无条件支付的委托；③确定的金额；④付款人名称；⑤收款人名称；⑥出票日期；⑦出票人签章。 (2) 相对记载事项。①付款日期；②付款地；③出票地。 (3) 非法定记载事项。 电子商业汇票的出票除记载纸质商业汇票的七大绝对记载事项外，还必须记载出票人名称、票据到期日两项内容。票据到期日，即付款日期，是电子商业汇票的绝对记载事项
出票的效力	(1) 对出票人的效力。 (2) 对付款人的效力。 (3) 对收款人的效力

【要点14】汇票背书的概念及形式（掌握）

<table>
<tr><th>项目</th><th colspan="2">具体内容</th></tr>
<tr><td>背书的概念</td><td colspan="2">（1）背书是指持票人以转让汇票权利或授予他人一定的票据权利为目的，按法定的事项和方式在票据背面或者粘单上记载有关事项并签章的票据行为。
（2）对于出票时记载“不得转让”字样的票据，其后手以此票据进行贴现、质押的，通过贴现、质押取得票据的持票人主张票据权利的，人民法院不予支持</td></tr>
<tr><td rowspan="2">背书的形式</td><td>背书人签章和背书日期的记载</td><td>（1）背书由背书人签章并记载背书日期。
（2）背书未记载日期的，视为在汇票到期日前背书</td></tr>
<tr><td>被背书人名称的记载</td><td>汇票以背书转让或者以背书将一定的票据权利授予他人行使时，必须记载被背书人名称。
电子商业汇票的转让背书必须记载背书人名称、被背书人名称、背书日期、背书人签章四项内容</td></tr>
</table>

【提示】（1）背书不得记载的内容有两项：一是附有条件的背书；二是部分背书。
（2）由于电子商业汇票的出票人可以签发以标准金额票据（0.01元）组成的票据包（票据包金额与子票区间相对应，票据包金额＝子票区间×标准金额），持票人若持有的票据是票据包的，可将持有的票据包按实际金额分包使用，即可以部分背书，进行分包背书转让

【要点 15】背书连续（掌握）

项目	具体内容
概念	背书连续是指在票据转让中，转让汇票的背书人与受让汇票的被背书人在汇票上的签章依次前后衔接
要求	（1）票据上记载的多次背书，从第一次到最后一次在形式上都是连续而无间断的。 （2）以背书转让的汇票，背书应当连续，如果背书不连续，付款人可以拒绝向持票人付款，否则付款人自行承担责任。 （3）背书连续主要是指背书在形式上连续，如果背书在实质上不连续，如有伪造签章等，付款人仍应对持票人付款，但如果付款人明知持票人不是真正票据权利人，则不得向持票人付款，否则应自行承担责任。 （4）对于非经背书转让，而以其他合法方式取得票据的，如继承，不涉及背书连续的问题，只要取得票据的人依法举证，表现其合法取得票据的方式，证明其汇票权利，就能享有票据上的权利

【要点16】委托收款背书、质押背书和法定禁止背书（掌握）

项目	具体内容
委托收款背书	(1) 持票人以行使票据上的权利为目的，而授予被背书人以代理权的背书。 (2) 不以转让票据权利为目的，而是以授予他人一定的代理权为目的，其确立的法律关系不属于票据上的权利转让与被转让关系，而是背书人（原持票人）与被背书人（代理人）之间在民法上的代理关系。 (3) 背书记载“委托收款”字样的，被背书人有权代背书人行使被委托的汇票权利，但是被背书人不得再以背书转让汇票权利。 (4) 被背书人因委托收款背书而取得代理权后，可以代为行使付款请求权和追索权，还可以请求作成拒绝证明、发出拒绝事由通知、行使利益偿还请求权等，但不能行使转让票据等处分权利，否则，原背书人对后手的被背书人不承担票据责任，但不影响出票人、承兑人以及原背书人的前手的票据责任。 (5) 委托收款背书与其他背书一样，持票人依据法律规定的记载事项作成背书并交付，才能生效

续表

项目	具体内容
质押背书	质押背书是持票人以票据权利设定质权为目的而在票据上作成的背书。 （1）背书人是原持票人，也是出质人，被背书人则是质权人。 （2）质押背书确立的是一种担保关系，质押背书成立后，背书人仍然是票据权利人，被背书人并不因此而取得票据权利。 （3）被背书人取得质权人地位后，在背书人不履行其债务的情况下，可以行使票据权利，并从票据金额中按担保债权的数额优先得到偿还，如果背书人履行了所担保的债务，被背书人则必须将票据返还背书人。 （4）质押背书与其他背书一样，必须依照法定的形式作成背书并交付。 （5）以汇票设定质押时，出质人在汇票上只记载了“质押”字样而未在票据上签章的，或者出质人未在汇票、粘单上记载“质押”字样而另行签订质押合同、质押条款的，不构成票据质押。 （6）贷款人恶意或者有重大过失从事票据质押贷款的，质押行为无效

续表

项目	具体内容
法定禁止背书	根据《票据法》的规定而禁止背书转让的情形。 (1) 被拒绝承兑的汇票，是指持票人在汇票到期日前，向付款人提示承兑而遭拒绝的汇票。 (2) 被拒绝付款的汇票，是指对不需承兑的汇票或者已经付款人承兑的汇票，持票人于汇票到期日向付款人提示付款而被拒绝的汇票。 (3) 超过付款提示期限的汇票，是指持票人未在法定付款提示期间内向付款人提示付款的汇票

学习心得

【要点17】汇票的承兑（掌握）

项目	具体内容	
提示承兑	定日付款和出票后定期付款汇票	（1）持票人应当在汇票到期日前向付款人提示承兑。 （2）提示承兑期限是从出票人出票日起至汇票到期日止
	见票后定期付款汇票	持票人应当自出票日起1个月内向付款人提示承兑
	见票即付汇票	（1）无须提示承兑。 （2）主要包括两种：一是汇票上明确记载有“见票即付”的汇票；二是汇票上没有记载付款日期
承兑成立	承兑时间	自收到提示承兑的汇票之日起3日内承兑或者拒绝承兑
	接受承兑	付款人应当向持票人签发收到汇票的回单，回单上应当记明汇票提示承兑日期并签章

续表

项目	具体内容	
承兑成立	承兑的格式	(1) 付款人承兑汇票的，应在汇票正面记载"承兑"字样和承兑日期并签章。 (2) 见票后定期付款的汇票，应当在承兑时记载付款日期。 (3) 汇票上未记载承兑日期的，以付款人3日承兑期的最后一日为承兑日期
	退回已承兑的汇票	(1) 付款人只有在将其承兑的汇票退回持票人时，才产生承兑的效力。 (2) 付款人承兑汇票，不得附有条件；承兑附有条件的，视同拒绝承兑。 (3) 电子商业汇票交付收款人前，应由付款人承兑；承兑人应在票据到期日前承兑电子商业汇票
承兑的效力	(1) 承兑人于汇票到期日必须向持票人无条件地支付汇票上的金额。 (2) 承兑人必须对汇票上的一切权利人承担责任。 (3) 承兑人不得以其与出票人之间的资金关系来对抗持票人，拒绝支付汇票金额。 (4) 承兑人的票据责任不因持票人未在法定期限提示付款而解除	

【要点18】汇票的保证（掌握）

<table>
<tr><th>项目</th><th colspan="2">具体内容</th></tr>
<tr><td>保证的当事人</td><td colspan="2">（1）保证人必须是由汇票债务人以外的他人担当。已成为票据债务人的，不得再充当票据上的保证人。
（2）被保证人包括出票人、背书人、承兑人等</td></tr>
<tr><td rowspan="2">保证的格式</td><td>纸质商业汇票</td><td>（1）表明“保证”的字样；（2）保证人名称和住所；（3）被保证人的名称；（4）保证日期；（5）保证人签章。其中（1）和（5）为绝对记载事项</td></tr>
<tr><td>电子商业汇票</td><td>（1）表明“保证”的字样；（2）保证人名称；（3）保证人住所；（4）被保证人名称；（5）保证日期；（6）保证人签章</td></tr>
<tr><td>保证的效力</td><td colspan="2">（1）保证人的责任。被保证的汇票，保证人应当与被保证人对持票人承担连带责任。汇票到期后得不到付款的，持票人有权向保证人请求付款，保证人应当足额付款。
（2）共同保证人的责任。保证人为两人以上的，保证人之间承担连带责任。
（3）保证人的追索权。保证人清偿汇票债务后，可以行使持票人对被保证人及其前手的追索权</td></tr>
</table>

【要点 19】汇票的付款（掌握）

项目	具体内容
付款的程序	（1）提示付款。提示付款是指持票人向付款人或承兑人出示票据，请求付款的行为。 （2）支付票款。持票人向付款人进行提示付款后，付款人无条件地在当日按票据金额足额支付给持票人。 【提示】电子商业汇票的持票人应在提示付款期内通过电子商业汇票系统向承兑人提示付款。承兑人拒绝付款或未予应答的，持票人可待票据到期后再次提示付款。持票人在提示付款期内提示付款的，承兑人应在收到提示付款请求的当日至迟次日付款或拒绝付款。持票人超过提示付款期提示付款的，接入机构不得拒绝受理
付款的效力	（1）付款人依法足额付款后，全体汇票债务人的责任解除。 （2）如果付款人未尽审查义务而对不符合法定形式的票据付款，或其存在恶意或者重大过失而付款的，则不发生上述法律效力，付款人的义务不能免除，其他债务人也不能免除责任

【要点20】汇票的追索权（掌握）

项目	具体内容
追索权发生的实质条件	（1）汇票到期被拒绝付款。 （2）汇票在到期日前被拒绝承兑。 （3）在汇票到期日前，承兑人或付款人死亡、逃匿的。 （4）在汇票到期日前，承兑人或付款人被依法宣告破产或因违法被责令终止业务活动的
电子商业汇票的追索	电子商业汇票将追索区分为拒付追索与非拒付追索。 实质要件包括：（1）汇票到期被拒绝付款；（2）承兑人被依法宣告破产；（3）承兑人因违法被责令终止业务活动
形式要件	（1）在法定提示期限提示承兑或提示付款； （2）在不获承兑或不获付款时，在法定期限内作成拒绝证明。如果持票人不能出示相关证明的，将丧失对其前手的追索权，但承兑人或付款人仍应当对持票人承担责任

续表

项目	具体内容
确定追索对象与责任承担	(1) 被追索人包括出票人、背书人、承兑人和保证人。 (2) 持票人可以不按照汇票债务人的先后顺序，对其中任何一人、数人或全体行使追索权；对汇票债务人中的一人或数人已经进行追索的，对其他票据债务人仍然可以行使追索权
发出追索通知	(1) 持票人应当自收到被拒绝承兑或者被拒绝付款的有关证明之日起 3 日内，将被拒绝事由书面通知其前手；其前手应当自收到通知之日起 3 日内书面通知其再前手；持票人也可以同时向各汇票债务人发出书面通知。 (2) 追索通知应以书面形式发出。通知应记明汇票的主要记载事项，并说明该汇票已被退票。主要记载事项包括出票人、背书人、保证人以及付款人的名称和地址、汇票金额、出票日期、付款日期等。电子商业汇票的持票人通过电子商业汇票系统发出追索通知，通知必须记载追索人名称、被追索人名称、追索通知日期、追索类型、追索金额及追索人签章。 (3) 如果持票人未按法定期限发出追索通知或其前手收到通知未按规定期限再通知其前手，持票人仍可以行使追索权，因延期通知给其前手或者出票人造成损失的，由没有按照规定期限通知的汇票当事人，承担对该损失的赔偿责任，但是所赔偿的金额以汇票金额为限

续表

项目	具体内容
请求偿还金额和受领清偿金额	(1) 请求偿还金额：①被拒绝付款的汇票金额；②汇票金额自到期日或者提示付款日起至清偿日止，按照中国人民银行规定的利率计算的利息；③取得有关拒绝证明和发出通知书的费用。 (2) 受领清偿金额：是指持票人或行使再追索权的被追索人接受被追索人的清偿金额。 (3) 被追索人清偿债务后的效力：被追索人清偿债务后，其票据责任解除。同时，被追索人清偿债务后，与持票人享有同一票据权利，可以向其他汇票债务人行使再追索权，请求其他汇票债务人支付相应的金额和费用

提示 持票人为出票人的，对其前手无追索权。持票人为背书人的，对其后手无追索权。

【要点 21】本票的出票（熟悉）

项目	具体内容
出票环节	包括作成票据和交付票据两个环节
本票的出票人	本票的出票人必须具有支付本票金额的可靠资金来源，并保证支付。银行本票的出票人，为经批准办理银行本票业务的银行机构
本票的记载事项	（1）本票的绝对记载事项。①表明“本票”字样；这是本票文句记载事项；②无条件支付的承诺，这是有关支付文句，表明出票人无条件支付票据金额，而不附加任何条件；③确定的金额；④收款人名称；⑤出票日期；⑥出票人签章。 （2）本票的相对记载事项。①付款地；②出票地
见票付款	（1）根据《票据法》的规定，银行本票是见票付款的票据，收款人或持票人在取得银行本票后，随时可以向出票人请求付款。 （2）本票自出票日起，付款期限最长不得超过2个月。持票人在规定的期限提示本票的，出票人必须承担付款的责任。

续表

项目	具体内容
见票付款	(3) 如果本票的持票人未按照规定期限提示本票的，丧失对出票人以外的前手的追索权。由于本票的出票人是票据上的主债务人，对持票人负有绝对付款责任，除票据时效届满而使票据权利消灭或者要式欠缺而使票据无效外，并不因持票人未在规定期限内向其行使付款请求权而使其责任得以解除

学习心得

【要点22】支票（掌握）

<table>
<tr><th colspan="2">项目</th><th>具体内容</th></tr>
<tr><td colspan="2">支票的分类</td><td>（1）现金支票。支票正面印有“现金”字样的为现金支票，现金支票只能用于支取现金。
（2）转账支票。支票正面印有“转账”字样的为转账支票，转账支票只能用于转账，不得支取现金。
（3）普通支票。支票上未印有“现金”或“转账”字样的为普通支票，普通支票可以用于支取现金，也可用于转账。在普通支票左上角划两条平行线的为划线支票，只能用于转账，不得支取现金</td></tr>
<tr><td>支票的出票</td><td>支票签发条件</td><td>（1）开立账户。开立支票存款账户，申请人必须使用其本名，并提交证明其身份的合法证件。
（2）存入足够支付的款项。开立支票存款账户和领用支票，应当有可靠的资信，并存入一定的资金。
（3）预留印鉴。开立支票存款账户，申请人应当预留其本名的签名式样和印鉴</td></tr>
</table>

续表

<table>
<tr><th colspan="2">项目</th><th>具体内容</th></tr>
<tr><td rowspan="2">支票的出票</td><td>支票的记载事项</td><td>(1) 绝对记载事项。①表明“支票”字样。②无条件支付的委托。③确定的金额。④付款人名称。⑤出票日期。⑥出票人签章。支票欠缺上述记载事项之一的，支票无效。
(2) 相对记载事项。①付款地。支票上未记载付款地的，付款人的营业场所为付款地。②出票地。支票上未记载出票地的，出票人的营业场所、住所或者经常居住地为出票地</td></tr>
<tr><td>出票的其他法定条件</td><td>(1) 禁止签发空头支票。支票的出票人签发支票的金额不得超过付款时其在付款人处实有的存款金额。
(2) 支票的出票人不得签发与其预留本名的签名式样或者印鉴不符的支票，使用支付密码的，出票人不得签发支付密码错误的支票。
(3) 签发现金支票和用于支取现金的普通支票，必须符合国家现金管理的规定</td></tr>
</table>

续表

项目		具体内容
支票的出票	出票的效力	出票人作成支票并交付之后，对出票人产生相应的法律效力。出票人必须按照签发的支票金额承担保证向该持票人付款的责任。这一责任包括两项： （1）出票人必须在付款人处存有足够可处分的资金，以保证支票票款的支付。 （2）当付款人对支票拒绝付款或者超过支票付款提示期限的，出票人应向持票人当日足额付款
支票的付款	支票的提示付款期限	（1）持票人在请求付款时，必须为付款提示。支票的持票人应当自出票日起 10 日内提示付款；超过提示付款期限提示付款的，付款人可以不予付款。 （2）付款人不予付款的，出票人仍应当对持票人承担票据责任。 （3）持票人超过提示付款期限的，并不丧失对出票人的追索权，出票人仍应当对持票人承担支付票款的责任

续表

项目		具体内容
支票的付款	付款	持票人在提示期间内向付款人提示票据，付款人在对支票进行审查之后，如未发现有不符规定之处，即应向持票人付款。出票人在付款人处的存款足以支付支票金额时，付款人应当在当日足额付款
	付款责任的解除	（1）付款人依法支付支票金额的，对出票人不再承担接受委托付款的责任，对持票人不再承担付款的责任。 （2）付款人以恶意或者有重大过失付款的除外

【要点 23】证券发行的分类（掌握）

项目	具体内容
公开发行和非公开发行	(1) 公开发行又称公募发行，是指发行人面向社会公众，即不特定的公众投资者进行的证券发行。 (2) 非公开发行又称私募发行，是指向少数特定的投资者进行的证券发行
设立发行和增资发行	(1) 设立发行是为成立新的股份有限公司而发行股票。 (2) 增资发行是为增加已有公司的资本总额或改变其股本结构而发行新股。增发新股，既可以公开发行，也可以采取配股或赠股的形式
直接发行和间接发行	(1) 直接发行是指证券发行人不通过证券承销机构，而自行承担证券发行风险，办理证券发行事宜的发行方式。 (2) 间接发行是指证券发行人委托证券承销机构发行证券，并由证券承销机构办理证券发行事宜，承担证券发行风险的发行方式

续表

项目	具体内容
平价发行、溢价发行和折价发行	(1) 平价发行又称面值发行或等价发行，是指证券发行时的发行价格与票面金额相同的发行方式。 (2) 溢价发行是指证券发行时的发行价格超过票面金额的发行方式。 (3) 折价发行又称贴现发行，是指证券发行时的发行价格低于票面金额的发行方式

学习心得

【要点24】证券发行的审核制度（掌握）

项目	具体内容
注册制	注册制是证券发行申请人依法将与证券发行有关的信息和资料公开，制成法律文件，送交监管机构审核，监管机构只负责审查发行申请人提供的信息和资料是否履行了信息披露义务的制度
核准制	核准制是指发行人发行证券，不仅要公开全部的，可以供投资人判断的信息与资料，还要符合证券发行的实质性条件，证券监管机构有权依照法律的规定，对发行人提出的申请以及有关材料，进行实质性审查，发行人得到批准以后，才可以发行证券。 随着2023年2月17日，中国证监会发布全面实行股票发行注册制相关制度规则，我国证券发行已全面进入注册制时代，同时证券发行的核准制彻底结束

【要点 25】股票的发行（掌握）

项目	具体内容
首次公开发行股票的基本条件	（1）具备健全且运行良好的组织机构。 （2）具有持续经营能力。 （3）最近 **3 年**财务会计报告被出具无保留意见审计报告。 （4）发行人及其控股股东、实际控制人最近 **3 年**不存在贪污、贿赂、侵占财产、挪用财产或者破坏社会主义市场经济秩序的刑事犯罪。 （5）经国务院批准的国务院证券监督管理机构规定的其他条件。 上述基本条件是注册制下在主板、创业板、科创板上市的公司都应遵守的共性规则
首次公开发行股票的**具体条件**	（1）符合相关板块定位。 （2）组织机构健全、持续经营 3 年以上。 （3）会计基础工作规范、内控制度健全有效。 （4）业务完整，具有直接面向市场独立持续经营的能力。 （5）生产经营合法合规

【要点 26】上市公司发行股票的条件（掌握）

项目	主要内容
向不特定对象发行股票的条件	(1) 具备健全且运行良好的组织机构。(2) 现任董事、监事和高级管理人员符合法律、行政法规规定的任职要求。(3) 具有完整的业务体系和直接面向市场独立经营的能力，不存在对持续经营有重大不利影响的情形。(4) 会计基础工作规范，内部控制制度健全且有效执行等。(5) 除金融类企业外，最近一期末不存在金额较大的财务性投资。(6) 交易所主板上市公司配股、增发的，应当最近 3 个会计年度盈利；增发还应当满足最近 3 个会计年度加权平均净资产收益率平均不低于 6%
不得向不特定对象发行股票的情形	(1) 擅自改变前次募集资金用途未作纠正，或者未经股东大会认可。(2) 上市公司或者其现任董事、监事和高级管理人员最近 3 年受到中国证监会行政处罚，或者最近一年受到证券交易所公开谴责等情形。(3) 上市公司或者其控股股东、实际控制人最近一年存在未履行向投资者作出的公开承诺的情形。(4) 上市公司或者其控股股东、实际控制人最近 3 年存在贪污、贿赂等刑事犯罪，或者存在严重损害上市公司利益、投资者合法权益、社会公共利益的重大违法行为

续表

项目	主要内容
不得向特定对象发行股票的情形	(1) 擅自改变前次募集资金用途未作纠正，或者未经股东大会认可。(2) 最近一年财务报表的编制和披露在重大方面不符合企业会计准则或者相关信息披露规则的规定；最近一年财务会计报告被出具否定意见或者无法表示意见的审计报告等情形。(3) 现任董事、监事和高级管理人员最近3年受到中国证监会行政处罚，或者最近一年受到证券交易所公开谴责。(4) 上市公司或者其现任董事、监事和高级管理人员因涉嫌犯罪正在被司法机关立案侦查或者涉嫌违法违规正在被中国证监会立案调查。(5) 控股股东、实际控制人最近3年存在严重损害上市公司利益或者投资者合法权益的重大违法行为。(6) 最近3年存在严重损害投资者合法权益或者社会公共利益的重大违法行为
募集资金使用规定	(1) 符合国家产业政策和有关环境保护、土地管理等法律、行政法规规定。(2) 除金融类企业外，本次募集资金使用不得为持有财务性投资，不得直接或者间接投资于以买卖有价证券为主要业务的公司。(3) 募集资金项目实施后，不会与控股股东、实际控制人及其控制的其他企业新增构成重大不利影响的同业竞争、显失公平的关联交易，或者严重影响公司生产经营的独立性。(4) 科创板上市公司发行股票募集的资金应当投资于科技创新领域的业务

【要点 27】公司债券的发行（掌握）

项目	具体内容
公开发行公司债券	（1）公开发行公司债券，由证券交易所受理、审核，并经中国证监会注册。 （2）公开发行公司债券，应当符合下列条件：①具备健全且运行良好的组织机构；②最近 3 年平均可分配利润足以支付公司债券 1 年的利息；③具有合理的资产负债结构和正常的现金流量；④国务院规定的其他条件。 （3）存在下列情形之一的，不得再次公开发行公司债券：①对已公开发行的公司债券或者其他债务有违约或者延迟支付本息的事实，仍处于继续状态；②违反证券法规定，改变公开发行公司债券所募资金的用途。 （4）资信状况符合以下标准的公开发行公司债券，专业投资者和普通投资者可以参与认购：①发行人最近 3 年无债务违约或者延迟支付本息的事实。②发行人最近 3 年平均可分配利润不少于债券一年利息的 1.5 倍。③发行人最近一期末净资产规模不少于 250 亿元。④发行人最近 36 个月内累计公开发行债券不少于 3 期，发行规模不少于 100 亿元。⑤中国证监会根据投资者保护的需要规定的其他条件。

续表

项目	具体内容
公开发行公司债券	（5）发行时间：可以申请一次注册，分次发行。中国证监会同意注册的决定自作出之日起 2 年有效。 （6）用途：公开发行公司债券筹集的资金，必须按照公司债券募集说明书所列资金用途使用；改变资金用途，必须经债券持有人会议作出决议
非公开发行公司债券	（1）非公开发行的公司债券应当向专业投资者发行，不得采用广告、公开劝诱和变相公开方式，每次发行对象不得超过 200 人。 （2）非公开发行的公司债券，可以申请在证券交易场所、证券公司柜台转让。非公开发行的公司债券仅限于在专业投资者范围内转让。转让后，持有同次发行债券的专业投资者合计不得超过 200 人

【要点 28】存托凭证的发行（掌握）

项目	具体内容
基本要求	境外基础证券发行人申请公开发行以其股票为基础证券的存托凭证，除应当符合首次公开发行新股的条件外，还应当符合国务院证券监督管理机构规定的其他条件
特殊条件	（1）为依法设立且持续经营 **3 年以上**的公司，公司的主要资产不存在重大权属纠纷。 （2）**最近 3 年内**实际控制人未发生变更，且控股股东和受控股股东、实际控制人支配的股东持有的境外基础证券发行人股份不存在重大权属纠纷。 （3）境外基础证券发行人及其控股股东、实际控制人**最近 3 年内**不存在损害投资者合法权益和社会公共利益的重大违法行为。 （4）会计基础工作规范、内部控制制度健全。 （5）董事、监事和高级管理人员应当信誉良好，符合公司注册地法律规定的任职要求，近期无重大违法失信记录。 （6）中国证监会规定的其他条件

【要点 29】证券投资基金的概念（掌握）

项目	具体内容
概念	证券投资基金是指通过公开或者非公开方式募集投资者资金，由基金管理人管理，基金托管人托管，从事股票、债券等金融工具组合投资的一种利益共享、风险共担的集合证券投资方式
基金管理人	基金管理人由依法设立的公司或者合伙企业担任
基金托管人	基金托管人由依法设立的商业银行或者其他金融机构担任
分类	证券投资基金，依照其运作方式不同，可以分为封闭式基金和开放式基金。①封闭式基金，是指基金份额总额在基金合同期限内固定不变，基金份额持有人不得申请赎回的基金。②开放式基金，是指基金份额总额不固定，基金份额可以在基金合同约定的时间和场所申购或者赎回的基金

【要点30】公开募集基金（掌握）

项目	具体内容
应当注册	公开募集基金，应当经国务院证券监督管理机构注册。未经注册，不得公开或者变相公开募集基金
募集对象不特定	公开募集基金包括向不特定对象募集资金、向特定对象募集资金累计超过200人，以及法律、行政法规规定的其他情形
必须托管	公开募集基金应当由基金管理人管理，基金托管人托管

【要点31】非公开募集基金（掌握）

项目	具体内容
概念	非公开募集基金即私募投资基金（以下简称私募基金），是指在中国境内，以非公开方式向合格投资者募集资金设立的投资基金，其投资包括买卖股票、股权、债券、期货、期权、基金份额及投资合同约定的其他投资标的
分类	（1）私募基金投资于上市交易的股票、债券等证券的，称为私募证券基金。 （2）投资于未上市企业股权、不动产项目公司股权、上市公司非公开发行或交易的股票、合伙企业份额、私募股权投资基金份额等其他投资标的的，称为私募股权基金。 （3）投资于创建中的未上市成长性创业企业股权的，称为创业投资基金。 对不同类型的私募基金实施分类监管
设立原则	（1）私募基金可以采用公司、合伙企业、契约等形式设立。 （2）设立私募基金管理机构和发行私募基金不设行政审批，允许各类发行主体在依法合规的基础上，向累计不超过法律规定数量的合格投资者募集私募基金产品。 （3）各类私募基金管理人应当向基金业协会申请登记，并在各类私募基金募集完毕后，向基金业协会办理备案手续

续表

项目	具体内容
合格投资者	(1) 私募基金应当向合格投资者募集，任一时点，单只私募基金的投资者人数累计不得超过《证券投资基金法》《公司法》《合伙企业法》等法律规定的特定数量。 (2) 合格投资者是指达到规定的资产规模或者收入水平，并且具备相应的风险识别能力和风险承担能力，其认购金额不低于规定限额的单位和个人。 (3) 合格投资者的具体标准由国务院证券监督管理机构规定。目前，单个投资者认购单只私募证券基金的限额为实缴金额不低于人民币 100 万元
募集规则	私募基金的募集规则主要包括： (1) 私募基金管理人应当自行募集资金，不得委托他人募集资金，另有规定的除外。 (2) 私募基金应向合格投资者募集，单只私募基金的投资者累计不得超过规定人数。私募基金管理人不得采取为单一融资项目设立多只私募基金等方式，突破法律规定的人数限制。 (3) 私募基金管理人应当向投资者充分揭示投资风险，根据投资者的风险识别能力和风险承担能力匹配不同风险等级的私募基金产品。

续表

项目	具体内容
募集规则	(4) 私募基金不得向合格投资者以外的单位和个人募集；不得向为他人代持的投资者募集；不得通过报刊、电台、电视台、互联网等大众传播媒介，电话、短信、即时通讯工具、电子邮件、传单，或者讲座、报告会、分析会等方式向不特定对象宣传推介；不得以虚假、片面、夸大等方式宣传推介；不得以私募基金托管人名义宣传推介；不得向投资者承诺投资本金不受损失或者承诺最低收益。 (5) 私募基金管理人在资金募集过程中，应当按照国务院证券监督管理机构的规定和基金合同约定，向投资者提供信息
可以不托管	除基金合同另有约定外，私募基金应当由基金托管人托管。基金合同约定私募基金不进行托管的，应在基金合同中明确保障私募基金财产安全的制度措施和纠纷解决机制

【要点32】注册程序（掌握）

项目	主要内容
发行人内部决议	发行人董事会就有关股票发行的具体方案、本次募集资金使用的可行性及其他必须明确的事项作出决议，并提请股东会批准
保荐人保荐	发行人申请公开发行股票、可转换为股票的公司债券，依法采取承销方式的，或者公开发行法律、行政法规规定实行保荐制度的其他证券的，应当聘请证券公司担任保荐人
签订承销协议	（1）向不特定对象发行的证券，法律、行政法规规定应当由证券公司承销的，发行人应当同证券公司签订承销协议。 （2）证券承销业务采取代销或者包销方式。代销、包销期限最长不得超过90日。证券公司在代销、包销期内，对所代销、包销的证券应当保证先行出售给认购人，证券公司不得为本公司预留所代销的证券和预先购入并留存所包销的证券
提出发行申请	（1）发行人应当按照规定制作注册申请文件，实行保荐制度的证券发行，由保荐人向证券交易所申报。 （2）不实行保荐制度的证券发行，由发行人向证券交易所申报

续表

项目	主要内容
证券交易所审核	证券交易所按照规定的条件和程序，在规定审核时限内形成发行人是否符合发行条件和信息披露要求的审核意见
发行注册	（1）中国证监会收到证券交易所审核意见及相关资料后，基于证券交易所审核意见，依法履行发行注册程序。在法定时限内作出予以注册或者不予注册的决定。不予注册的，应当说明理由。 （2）注册时效：①中国证监会对首次公开发行股票、上市公司公开发行证券、北京证券交易所向不特定合格投资者公开发行股票的予以注册决定，自作出之日起一年内有效，发行人应当在注册决定有效期内发行证券，发行时点由发行人自主选择；②中国证监会对北京证券交易所上市公司申请向特定对象发行股票的予以注册决定，自注册之日起，发行人应当在3个月内首期发行，且首期发行数量应当不少于总发行数量的50%，剩余数量应当在12个月内发行完毕，剩余各期发行的数量由发行人自行确定；③中国证监会对公开发行公司债券的予以注册决定自作出之日起2年内有效，发行人应当在注册决定有效期内发行公司债券，并自主选择发行时点

【要点33】证券交易的一般规定（熟悉）

项目	主要内容
证券交易的标的与主体必须合法	交易的证券，必须是依法发行并交付的证券。依法发行的证券，法律对其转让期限有限制性规定的，在限定的期限内不得买卖。涉及该限制性规定的有： （1）发起人持有的本公司股份，自公司成立之日起1年内不得转让。 （2）公司董监高在任职期间每年转让的股份不得超过其所持有本公司股份总数的25%。 （3）证券交易场所、证券公司和证券登记结算机构的从业人员等在任期或者法定限期内，不得直接或者以化名、借他人名义持有、买卖股票或者其他具有股权性质的证券。 （4）为证券发行出具审计报告或者法律意见书等文件的证券服务机构和人员，在该证券承销期内和期满后6个月内不得买卖该证券。 （5）上市公司、股票在国务院批准的其他全国性证券交易场所交易的公司持有5%以上股份的股东、董事、监事、高级管理人员，将其持有的该公司的股票或者其他具有股权性质的证券在买入后6个月内卖出，或者在卖出后6个月内又买入，由此所得收益归该公司所有。

续表

项目	主要内容
证券交易的标的与主体必须合法	(6) 上市公司董监高在规定期间不得买卖本公司股票：上市公司年度报告、半年度报告公告前**15日内**；上市公司季度报告、业绩预告、业绩快报公告前**5日内**；自可能对本公司**证券及其衍生品种**交易价格产生重大影响的重大事项发生之日或在决策过程中，至依法披露后**2个交易日内**。 (7) 通过证券交易所的证券交易，投资者持有或者通过协议、其他安排与他人共同持有一个上市公司已发行的有表决权股份达到5%时，应当在该事实发生之日起3日内作出书面报告
在合法的证券**交易场所**交易	(1) 公开发行的证券，应当在依法设立的证券交易所上市交易或者在国务院批准的其他全国性证券交易场所交易。 (2) 非公开发行的证券，可以在证券交易所、国务院批准的其他全国性证券交易场所、按照国务院规定设立的区域性股权市场转让
以合法**方式**交易	证券在证券交易所上市交易，应当采用公开的集中交易方式或者国务院证券监督管理机构批准的其他方式

续表

项目	主要内容
规范交易服务	（1）证券交易场所、证券公司、证券登记结算机构、证券服务机构及其工作人员应当依法为投资者的信息保密，不得非法买卖、提供或者公开投资者的信息。 （2）证券交易的收费必须合理，并公开收费项目、收费标准和管理办法
规范程序化交易	通过计算机程序自动生成或者下达交易指令进行程序化交易的，应当符合国务院证券监督管理机构的规定，并向证券交易所报告，不得影响证券交易所系统安全或者正常交易秩序

【要点34】常规证券上市（熟悉）

项目	主要内容
境内发行人首次发行股票上市（至少符合一项）	（1）最近3年净利润均为正，且最近3年净利润累计不低于2亿元，最近一年净利润不低于**1亿元**，最近3年经营活动产生的现金流量净额累计不低于2亿元或营业收入累计不低于**15亿元**。 （2）预计市值不低于**50亿元**，且最近一年净利润为正，最近一年营业收入不低于**6亿元**，最近3年经营活动产生的现金流量净额累计不低于**2.5亿元**。 （3）预计市值不低于**100亿元**，且最近一年净利润为正，最近一年营业收入不低于**10亿元**
已在境外上市的红筹企业上市（至少符合一项）	（1）市值不低于**2 000亿元**。 （2）市值**200亿元以上**，且拥有自主研发、国际领先技术，科技创新能力较强，在同行业竞争中处于相对优势地位

续表

项目	主要内容
未在境外上市的红筹企业上市（至少符合一项）	（1）预计市值不低于200亿元，且最近一年营业收入不低于30亿元。 （2）营业收入快速增长，拥有自主研发、国际领先技术，在同行业竞争中处于相对优势地位，且预计市值不低于100亿元。 （3）营业收入快速增长，拥有自主研发、国际领先技术，在同行业竞争中处于相对优势地位，且预计市值不低于50亿元，最近一年营业收入不低于5亿元
表决权差异企业（至少符合一项）	（1）预计市值不低于**200亿元**，且最近一年净利润为正。 （2）预计市值不低于**100亿元**，且最近一年净利润为正，最近一年营业收入不低于10亿元
终止上市	上市交易的证券，有证券交易所规定的终止上市情形的，由证券交易所按照业务规则终止其上市交易

【要点35】证券投资基金份额的交易（熟悉）

项目	具体内容
公开募集基金的基金份额的交易、申购与赎回	（1）基金份额上市交易，应当符合下列条件：①基金的募集符合《证券投资基金法》的规定；②基金合同期限为5年以上；③基金募集金额不低于2亿元人民币；④基金份额持有人不少于1 000人；⑤基金份额上市交易规则规定的其他条件。基金份额上市交易规则由证券交易所制定，报国务院证券监督管理机构批准。 （2）基金份额上市交易后，有下列情形之一的，由证券交易所终止其上市交易，并报国务院证券监督管理机构备案：①不再具备《证券投资基金法》规定的上市交易条件；②基金合同期限届满；③基金份额持有人大会决定提前终止上市交易；④基金合同约定的或者基金份额上市交易规则规定的终止上市交易的其他情形
非公开募集基金的基金份额的转让	投资者转让基金份额的，受让人应当为合格投资者且基金份额受让后投资者人数应当符合有关规定

【要点36】禁止的交易行为（熟悉）

项目	具体内容
内幕交易行为	证券交易内幕信息的知情人包括： （1）发行人及其董事、监事、高级管理人员。 （2）持有公司5%以上股份的股东及其董事、监事、高级管理人员，公司的实际控制人及其董事、监事、高级管理人员。 （3）发行人控股或者实际控制的公司及其董事、监事、高级管理人员。 （4）由于所任公司职务或者因与公司业务往来可以获取公司有关内幕信息的人员。 （5）上市公司收购人或者重大资产交易方及其控股股东、实际控制人、董事、监事和高级管理人员。 （6）因职务、工作可以获取内幕信息的证券交易场所、证券公司、证券登记结算机构、证券服务机构的有关人员。 （7）因职责、工作可以获取内幕信息的证券监督管理机构工作人员。 （8）因法定职责对证券的发行、交易或者对上市公司及其收购、重大资产交易进行管理可以获取内幕信息的有关主管部门、监管机构的工作人员。 （9）国务院证券监督管理机构规定的可以获取内幕信息的其他人员

续表

项目	具体内容
利用未公开信息进行交易行为	《证券法》在内幕交易知情人之外，增加了禁止相关从业人员与工作人员利用未公开信息进行证券交易或者明示、暗示他人从事相关交易活动的规定，提升了对投资者的保护
操纵市场行为	(1) 单独或者通过合谋，集中资金优势、持股优势或者利用信息优势联合或者连续买卖。 (2) 与他人串通，以事先约定的时间、价格和方式相互进行证券交易。 (3) 在自己实际控制的账户之间进行证券交易。 (4) 不以成交为目的，频繁或者大量申报并撤销申报。 (5) 利用虚假或者不确定的重大信息，诱导投资者进行证券交易。 (6) 对证券、发行人公开作出评价、预测或者投资建议，并进行反向证券交易。 (7) 利用在其他相关市场的活动操纵证券市场。 (8) 操纵证券市场的其他手段

续表

项目	具体内容
虚假陈述行为	虚假陈述包括虚假记载、误导性陈述和重大遗漏以及不正当披露。 （1）禁止任何单位和个人编造、传播虚假信息或者误导性信息，扰乱证券市场。 （2）禁止证券交易场所、证券公司、证券登记结算机构、证券服务机构及其从业人员，证券业协会、证券监督管理机构及其工作人员，在证券交易活动中作出虚假陈述或者信息误导。 （3）编造、传播虚假信息或者误导性信息，扰乱证券市场，给投资者造成损失的，应当依法承担赔偿责任
欺诈客户行为	（1）违背客户的委托为其买卖证券。 （2）不在规定时间内向客户提供交易的确认文件。 （3）未经客户的委托，擅自为客户买卖证券，或者假借客户的名义买卖证券。 （4）为谋取佣金收入，诱使客户进行不必要的证券买卖。 （5）其他违背客户真实意思表示，损害客户利益的行为

续表

项目	具体内容
其他禁止的交易行为	(1) 禁止任何单位和个人违反规定出借自己的证券账户或者借用他人的证券账户从事证券交易。 (2) 禁止资金违规流入股市。 (3) 禁止投资者违规利用财政资金、银行信贷资金买卖证券

学习心得

【要点 37】上市公司收购概述（熟悉）

项目	具体内容
上市公司收购的概念	上市公司收购的对象是上市公司；收购的标的是上市公司的股份；收购的主体是收购人，包括投资者及其一致行动人；收购的目的是为了获得或者巩固对上市公司的控制权。这里所指的实际控制权如下： （1）投资者为上市公司持股 50% 以上的控股股东。 （2）投资者可以实际支配上市公司股份表决权超过 30%。 （3）投资者通过实际支配上市公司股份表决权能够决定公司董事会半数以上成员选任。 （4）投资者依其可实际支配的上市公司股份表决权足以对公司股东大会的决议产生重大影响。 （5）国务院证券监督管理机构认定的其他情形
上市公司收购人	收购人包括投资者及与其一致行动的他人。认定一致行动人的条件包括以下几点： （1）投资者之间有股权控制关系。 （2）投资者受同一主体控制。 （3）投资者的董事、监事或者高级管理人员中的主要成员，同时在另一个投资者担任董事、监事或者高级管理人员。

续表

项目	具体内容
上市公司收购人	(4) 投资者参股另一投资者，可以对参股公司的重大决策产生重大影响。 (5) 银行以外的其他法人、其他组织和自然人为投资者取得相关股份提供融资安排。 (6) 投资者之间存在合伙、合作、联营等其他经济利益关系。 (7) 持有投资者30%以上股份的自然人，与投资者持有同一上市公司股份。 (8) 在投资者任职的董事、监事及高级管理人员，与投资者持有同一上市公司股份。 (9) 持有投资者30%以上股份的自然人和在投资者任职的董事、监事及高级管理人员，其父母、配偶、子女及其配偶、配偶的父母、兄弟姐妹及其配偶、配偶的兄弟姐妹及其配偶等亲属，与投资者持有同一上市公司股份。 (10) 在上市公司任职的董事、监事、高级管理人员及其前项所述亲属同时持有本公司股份的，或者与其自己或者其前项所述亲属直接或者间接控制的企业同时持有本公司股份。 (11) 上市公司董事、监事、高级管理人员和员工与其所控制或者委托的法人或者其他组织持有本公司股份。 (12) 投资者之间具有其他关联关系。投资者认为其与他人不应被视为一致行动人的，可以向国务院证券监督管理机构提供相反证据

续表

项目	具体内容
上市公司收购中有关当事人的义务	（1）收购人的义务：一是公告义务，二是禁售义务，三是锁定义务。 （2）被收购公司的控股股东、实际控制人的义务。被收购公司的控股股东或者实际控制人不得滥用股东权利，损害被收购公司或者其他股东的合法权益。 （3）被收购公司的董事及董事会、监事和高级管理人员的义务。被收购公司的董事及董事会、监事和高级管理人员对公司负有忠实义务和勤勉义务，应当公平对待收购本公司的所有收购人
上市公司收购的支付方式	（1）收购人可以采用现金、依法可以转让的证券、现金与证券相结合等合法方式支付收购上市公司的价款。 （2）收购人为终止上市公司的上市地位而发出全面要约的，或者按照国务院证券监督管理机构的规定不能免除要约收购而发出全面要约的，应当以现金支付收购价款。 （3）以依法可以转让的证券支付收购价款的，应当同时提供现金方式供被收购公司股东选择

【要点38】上市公司收购的权益披露（熟悉）

项目	具体内容
进行权益披露的情形与时间	(1) 场内交易受让股份。①通过证券交易所的证券交易，投资者及其一致行动人拥有一个上市公司已发行的有表决权股份达到5%时，应当在该事实发生之日起3日内编制权益变动报告书，向国务院证券监督管理机构、证券交易所作出书面报告，通知该上市公司，并予公告，在前述期限内不得再行买卖该上市公司的股票，但国务院证券监督管理机构规定的情形除外。②拥有上述股份达到5%后，其所持该上市公司已发行的有表决权股份比例每增加或者减少5%，应进行报告和公告，在该事实发生之日起至公告后3日内，不得再行买卖该上市公司的股票，另有规定除外。③违反前述规定买入上市公司有表决权的股份的，在买入后的36个月内，对该超过规定比例部分的股份不得行使表决权。④拥有上述股份达到5%后，其所持该上市公司已发行的有表决权股份比例每增加或者减少1%，应在该事实发生的次日通知该上市公司，并予公告。 (2) 协议转让受让股份。①通过协议转让方式，投资者及其一致行动人在一个上市公司中拥有表决权的股份拟达到或者超过5%时，应当在该事实发生之日起3日内编制权益变动报告书，向国务院证券监督管理机构、证券

续表

项目	具体内容
进行权益披露的情形与时间	交易所提交书面报告，通知该上市公司，并予公告。②拥有上述股份达到5%后，其拥有比例每增加或者减少达到或者超过5%的，应履行报告、公告义务。在作出报告、公告前，不得再行买卖该上市公司的股票。 （3）被动受让股份。投资者及其一致行动人通过行政划转或者变更、执行法院裁定、继承、赠与等方式拥有表决权的股份变动达到5%时，同样应当按照协议转让的规定履行报告、公告义务
权益变动的披露文件	（1）简式权益变动报告书。投资者及其一致行动人不是上市公司的第一大股东或者实际控制人，其拥有表决权的股份达到或者超过5%但未达到20%的，应当编制简式权益变动报告书。 （2）详式权益变动报告书。投资者及其一致行动人是上市公司第一大股东或者实际控制人，或者拥有表决权的股份达到20%但未超过30%的，应当编制详式权益变动报告书。无论是简式权益变动报告书，还是详式权益变动报告书，均应披露收购股份的资金来源、在上市公司中拥有权益的股份变动时间及方式

【要点39】要约收购（熟悉）

项目	具体内容
要约收购的概念	（1）要约收购是指收购人公开向被收购公司的股东发出要约，并按要约中的价格、期限等条件购买被收购公司的表决权股份，以期获得或者巩固被收购公司的控制权的行为。 （2）投资者选择向被收购公司的所有股东发出收购其所持有的全部股份要约的，称为全面要约；投资者选择向被收购公司所有股东发出收购其所持有的部分股份要约的，称为部分要约
强制要约收购的触发条件	（1）持股比例达到30%。 （2）继续增持股份
收购要约的期限	收购期限不得少于30日，并不得超过60日，出现竞争要约的除外
收购要约的撤销	在收购要约确定的承诺期限内，收购人不得撤销其收购要约
收购要约变更不得存在的情形	（1）降低收购价格。 （2）减少预定收购股份数额。 （3）缩短收购期限。 （4）国务院证券监督管理机构规定的其他情形

【要点 40】免除发出要约（熟悉）

项目	具体内容
收购人可以免于以要约方式增持股份的情形	（1）收购人与出让人能够证明本次股份转让是在同一实际控制人控制的不同主体之间进行，未导致上市公司的实际控制人发生变化。 （2）上市公司面临严重财务困难，收购人提出的挽救公司的重组方案取得该公司股东会批准，且收购人承诺 3 年内不转让其在该公司中所拥有的权益。 （3）证监会为适应证券市场发展变化和保护投资者合法权益的需要而认定的其他情形
投资者可以免于发出要约的情形	（1）经政府或者国有资产管理部门批准进行国有资产无偿划转、变更、合并，导致投资者在一个上市公司中拥有权益的股份占该公司已发行股份的比例超过 30%。 （2）因上市公司按照股东会批准的确定价格向特定股东回购股份而减少股本，导致投资者在该公司中拥有权益的股份超过该公司已发行股份的 30%。 （3）经上市公司股东会非关联股东批准，投资者取得上市公司向其发行的新股，导致其在该公司拥有权益的股份超过该公司已发行股份的 30%，投资者承诺 3 年内不转让本次向其发行的新股，且公司股东会同意投资者免于发出要约。

续表

项目	具体内容
投资者可以免于发出要约的情形	(4) 在一个上市公司中拥有权益的股份达到或者超过该公司已发行股份的30%的，自上述事实发生之日起1年后，每12个月内增持不超过该公司已发行的2%的股份。 (5) 在一个上市公司中拥有权益的股份达到或者超过该公司已发行股份的50%的，继续增加其在该公司拥有的权益不影响该公司的上市地位。 (6) 证券公司、银行等金融机构在其经营范围内依法从事承销、贷款等业务导致其持有一个上市公司已发行股份超过30%的，没有实际控制该公司的行为或者意图，并且提出在合理期限内向非关联方转让相关股份的解决方案。 (7) 因继承导致在一个上市公司中拥有权益的股份超过该公司已发行股份的30%。 (8) 因履行约定购回式证券交易协议购回上市公司股份导致投资者在一个上市公司中拥有权益的股份超过该公司已发行股份的30%，并且能够证明标的股份的表决权在协议期间未发生转移。 (9) 因所持优先股表决权依法恢复导致投资者在一个上市公司中拥有权益的股份超过该公司已发行股份的30%。 (10) 证监会为适应证券市场发展变化和保护投资者合法权益的需要而认定的其他情形

【要点41】协议收购和其他合法方式收购（熟悉）

项目	具体内容
协议收购	（1）协议收购是指收购人在证券交易所之外，通过与被收购公司的股东协商一致达成协议，受让其持有的上市公司的股份而进行的收购。 （2）协议双方可以临时委托证券登记结算机构保管协议转让的股票，并将资金存放于指定的银行。 （3）收购人收购或者通过协议、其他安排与他人共同收购一个上市公司已发行的有表决权股份达到30%时，继续进行收购的，应当依法向该上市公司所有股东发出收购上市公司全部或者部分股份的要约，转而进行要约收购。但是，按照国务院证券监督管理机构的规定免除发出要约的除外
认购股份收购	收购人经上市公司非关联股东批准，通过认购上市公司发行的新股使其在公司拥有的表决权的股份能够达到控制权的获得与巩固
集中竞价收购	收购人在场内交易市场上，通过证券交易所集中竞价交易的方式对目标上市公司进行的收购
其他合法方式还包括国有股权的行政划转或变更、执行法院裁定、继承、赠与等	

【要点42】上市公司收购的法律后果（熟悉）

项目	具体内容
终止上市与余额股东强制性出售权	收购期限届满，被收购公司股权分布不符合证券交易所规定的上市交易要求的，该上市公司的股票应当由证券交易所依法终止上市交易；其余仍持有被收购公司股票的股东，有权向收购人以收购要约的同等条件出售其股票，收购人应当收购
变更企业形式	收购行为完成后，被收购公司不再具备股份有限公司条件的，应当依法变更企业形式
限期禁止转让股份	在上市公司收购中，收购人持有的被收购的上市公司的股票，在收购行为完成后的**18个月内不得转让**
更换股票	（1）收购行为完成后，收购人与被收购公司合并，并将该公司解散的，被解散公司的原有股票由收购人依法更换。 （2）收购行为完成后，收购人应当在**15日内**将收购情况报告国务院证券监管机构和证券交易所，并予以公告

【要点43】信息披露（熟悉）

项目	具体内容
信息披露的义务人	信息披露义务人除发行人外，法律、行政法规和国务院证券监督管理机构规定的其他信息披露义务人，如发起人、董事、监事、高级管理人员、股东、实际控制人、收购人、保荐人、承销的证券公司等，均应当及时依法履行信息披露义务
信息披露的原则与要求	信息披露的对象是不特定的社会公众，信息披露义务人披露的信息，应当真实、准确、完整，简明清晰，通俗易懂，不得有虚假记载、误导性陈述或者重大遗漏。 （1）时间一致性要求： ①证券同时在境内境外公开发行、交易的，信息披露义务人在境外披露的信息，应当在境内同时披露； ②除法律、行政法规另有规定的外，信息披露义务人披露的信息应当同时向所有投资者披露，不得提前向任何单位和个人泄露。 （2）内容一致性要求：信息披露义务人在强制信息披露以外，自愿披露信息的，所披露的信息不得与依法披露的信息相冲突，不得误导投资者

续表

项目		具体内容
证券发行市场信息披露		(1) 发行文件的预先披露制度。该制度是指发行人申请公开发行证券的，在依法向文件审核部门报送注册申请文件后，预先向社会公众披露有关注册申请文件，而不是等监管部门对发行注册之后再进行披露的制度。 (2) 证券发行信息披露制度。证券发行申请经注册后，发行人应当依照法律、行政法规的规定，在证券公开发行前公告公开发行募集文件，并将该文件置备于指定场所供公众查阅。发行证券的信息依法公开前，任何知情人不得公开或者泄露该信息。该类信息披露文件主要有招股说明书、公司债券募集办法、上市公告书等
证券交易市场信息披露	定期报告	(1) 公司在一定时期内（某一会计核算期间）分别向证券监管机构、证券交易场所报送和向社会公众公布的反映上市公司等信息披露义务人在某个会计期间的财务状况、经营情况、股本变动和股东的情况、募集资金的使用情况和公司重要事项的报告。其报告形式有年度报告、中期报告和季度报告。 (2) 上市公司应当披露的定期报告包括年度报告、中期报告，披露时间为：①在每一会计年度结束之日起 4 个月内，报送并公告年度报告，其中的年度财务会计报告应当经符合证券法规定的会计师事务所审计；②在每一会计年度的上半年结束之日起 2 个月内，报送并公告中期报告

续表

项目		具体内容
证券交易市场信息披露	临时报告	（1）股票发行公司发布临时报告的重大事件：①公司的经营方针和经营范围的重大变化；②公司的重大投资行为，公司在1年内购买、出售重大资产超过公司资产总额的30%，或者公司营业用主要资产的抵押、质押、出售或者报废一次超过该资产的30%；③公司订立重要合同、提供重大担保或者从事关联交易，可能对公司的资产、负债、权益和经营成果产生重要影响；④公司发生重大债务和未能清偿到期重大债务的违约情况；⑤公司发生重大亏损或者重大损失；⑥公司生产经营的外部条件发生的重大变化；⑦公司的董事、1/3以上监事或者经理发生变动，董事长或者经理无法履行职责；⑧持有公司5%以上股份的股东或者实际控制人持有股份或者控制公司的情况发生较大变化，公司的实际控制人及其控制的其他企业从事与公司相同或者相似业务的情况发生较大变化；⑨公司分配股利、增资的计划，公司股权结构的重要变化，公司减资、合并、分立、解散及申请破产的决定，或者依法进入破产程序、被责令关闭；⑩涉及公司的重大诉讼、仲裁，股东会、董事会决议被依法撤销或者宣告无效；⑪公司涉嫌犯罪被依法立案调查，公司的控股股东、实际控制人、董事、监事、高级管理人员涉嫌犯罪被依法采取强制措施；⑫国务院证券监督管理机构规定的其他事项。

续表

项目	具体内容	
证券交易市场信息披露	临时报告	(2) 公司债券上市交易公司发布临时报告的重大事件：①公司股权结构或者生产经营状况发生重大变化；②公司债券信用评级发生变化；③公司重大资产抵押、质押、出售、转让、报废；④公司发生未能清偿到期债务的情况；⑤公司新增借款或者对外提供担保超过上年年末净资产的20%；⑥公司放弃债权或者财产超过上年年末净资产的10%；⑦公司发生超过上年年末净资产10%的重大损失；⑧公司分配股利，作出减资、合并、分立、解散及申请破产的决定，或者依法进入破产程序、被责令关闭；⑨涉及公司的重大诉讼、仲裁；⑩公司涉嫌犯罪被依法立案调查，公司的控股股东、实际控制人、董事、监事、高级管理人员涉嫌犯罪被依法采取强制措施；⑪国务院证券监督管理机构规定的其他事项。 (3) 公司应当在最先发生的以下任一时点，履行重大事件的信息披露义务：①董事会或者监事会就该重大事件形成决议时；②有关各方就该重大事件签署意向书或者协议时；③董监高知悉该重大事件发生并报告时。在上述规定的时点之前出现下列情形之一的，上市公司应及时披露相关事项的现状、可能影响事件进展的风险因素：①该重大事

续表

项目	具体内容	
证券交易市场信息披露	临时报告	件难以保密；②该重大事件已经泄露或者市场出现传闻；③上市公司证券及其衍生品种出现异常交易情况。上市公司控股子公司、参股公司发生可能对上市公司证券及其衍生品种交易价格产生较大影响的事件的，上市公司应当履行信息披露义务
董事、监事、高管的信息披露职责	发行人的董事、高级管理人员应当对证券发行文件和定期报告签署书面确认意见；发行人的监事会应当对董事会编制的证券发行文件和定期报告进行审核并提出书面审核意见，监事应当签署书面确认意见	
信息的发布与信息披露的监督	（1）定期报告的编制、审议和披露程序。 （2）重大事件的报告、传递、审核和披露程序	
信息披露的民事责任	发行人及其控股股东、实际控制人、董事、监事、高级管理人员等作出公开承诺的，其承诺属于强制披露内容，不履行承诺给投资者造成损失的，应当依法承担赔偿责任	

【要点 44】投资者保护（熟悉）

项目	具体内容
投资者适当性管理制度	在证券公司与投资者的关系上，证券公司依法承担适当性管理义务
证券公司与普通投资者纠纷的自证清白制度	（1）根据财产状况、金融资产状况、投资知识和经验、专业能力等因素，将投资者分为普通投资者和专业投资者，对于普通投资者实行特殊保护。 （2）普通投资者与证券公司发生纠纷的，证券公司应当证明其行为符合法律、行政法规以及国务院证券监督管理机构的规定，不存在误导、欺诈等情形。证券公司不能证明的，应当承担相应的赔偿责任
股东代理权征集制度	（1）上市公司董事会、独立董事、持有1%以上有表决权股份的股东，依照法律、行政法规或者国务院证券监督管理机构的规定设立的投资者保护机构，可以作为征集人，自行或者委托证券公司、证券服务机构，公开请求上市公司股东委托其代为出席股东大会，并代为行使提案权、表决权等股东权利。 （2）股权代理权征集制度能够在同一时间实现零散股权的聚集，扩大中小股东的声音。 （3）依照规定征集股东权利的，征集人应当披露征集文件，上市公司应当予以配合，禁止以有偿或者变相有偿的方式公开征集股东权利

续表

项目	具体内容
上市公司现金分红制度	上市公司应当在章程中明确分配现金股利的具体安排和决策程序，依法保障股东的资产收益权
公司债券持有人会议制度与受托管理人制度	公司债券持有人会议是为了公司债权人的共同利益设立的，通过会议的形式集体行权的法律机制
先行赔付制度	没有救济就没有权利，对于证券欺诈等侵害投资者利益的行为，相关责任人的先期赔付是对投资者最为有效的救助机制
普通投资者与证券公司纠纷的强制调解制度	（1）投资者与发行人、证券公司等发生纠纷的，双方可以向投资者保护机构申请调解。 （2）普通投资者与证券公司发生证券业务纠纷，普通投资者提出调解请求的，证券公司不得拒绝

续表

项目	具体内容
投资者保护机构的代表诉讼制度	《公司法》规定的股东代表诉讼不足以充分发挥对违法行为的抑制机能，《证券法》确立了投资者保护机构的代表诉讼，发行人的董事、监事、高级管理人员执行公司职务时违反法律、行政法规或者公司章程的规定给公司造成损失，发行人的控股股东、实际控制人等侵犯公司合法权益给公司造成损失，投资者保护机构持有该公司股份的，可以为公司的利益以自己的名义向人民法院提起诉讼，持股比例和持股期限不受《公司法》规定的限制
代表人诉讼制度	新《证券法》的代表人诉讼区分为投资者代表人诉讼和投资者保护机构的代表人诉讼

【要点 45】保险的本质和构成要素（熟悉）

项目	具体内容
保险的本质	（1）保险的本质并不是保证危险不发生，或不遭受损失，而是对危险发生后遭受的损失予以经济补偿。 （2）保险的经济补偿功能，在财产保险和人身保险中的体现不尽相同。具体如下：①财产保险的标的是能够用货币准确衡量的财产或与财产有关的利益，保险人给予被保险人的保险金可以用来补偿被保险人所遭受的经济损失；②人身保险的标的是无法用货币来衡量的人的寿命和身体，所以，一旦发生保险事故，只能按照合同约定的数额给付保险金
保险的构成要素	（1）可保危险的存在。人类社会可能遭遇到的危险大体包括人身危险、财产危险和法律责任危险。但保险所承保的是可保危险，即上述三类危险中可能引起损失的偶然事件，其特征包括以下几点：①危险发生与否很难确定，不可能或不会发生的危险，投保人不会投保，可能或肯定会发生的危险，保险人也不会承保；②危险何时发生很难确定；③危险发生的原因与后果很难确定；④危险的发生对于投保人或被保险人来说，必须是非故意的。 （2）以多数人参加保险并建立基金为基础。保险是一种集合危险、分散损失的经济制度，参加保险的人越多，积聚的保险基金越多，损失补偿的能力就越强。 （3）以损失赔付为目的

【要点46】保险的分类（熟悉）

划分情形	具体内容
根据保险责任发生的效力依据划分	保险可分为强制保险与自愿保险。 （1）强制保险又称法定保险，是指国家法律、法规直接规定必须进行的保险，如机动车第三者责任险。 （2）自愿保险是投保人与保险人双方平等协商，自愿签订保险合同而产生的一种保险，这种保险责任发生的效力依据是保险合同，投保人享有是否投保的自由，保险人享有是否承保或承保多少的自由
根据保险设立是否以营利为目的划分	保险可分为政策性保险与商业保险。 （1）政策性保险是指国家基于社会、经济政策的需要，不以营利为目的而举办的保险，如存款保险、社会保险，前者属于经济政策性保险，后者属于社会政策性保险。 （2）商业保险是指政策性保险以外的普通保险，是以营利为目的的

续表

划分情形	具体内容
根据保险标的的不同划分	保险可分为财产保险与人身保险。 （1）财产保险是以财产及其有关利益为保险标的的保险，包括财产损失保险、保证保险、责任保险和信用保险等。 （2）人身保险是以人的寿命和身体为保险标的的保险，包括意外伤害保险、健康保险和人寿保险等
根据保险人是否转移保险责任划分	保险可分为原保险与再保险。 （1）原保险也称第一次保险，是指保险人对被保险人因保险事故所致损害直接由自己承担赔偿责任的保险。 （2）再保险又称第二次保险，或称分保，是指原保险人为减轻或避免所负风险，把原保险责任的一部分转移给其他保险人的保险

续表

划分情形	具体内容
根据保险人的人数划分	保险可分为单保险与复保险。 （1）单保险是指投保人对同一保险标的、同一保险利益、同一保险事故与一个保险人订立保险合同的保险。 （2）复保险又称重复保险，是指投保人对同一保险标的、同一保险利益、同一保险事故分别与两个以上保险人订立保险合同，且保险金额总和超过保险价值的保险。 单保险与复保险是财产保险中独有的分类

【要点 47】保险法的基本原则（熟悉）

原则	具体内容
最大诚信原则	双方当事人在签订合同时必须最大限度地如实告知自己所知道的有关事实；在保险合同生效后不论何方当事人违反最大诚信原则，对方都有权解除保险合同。 （1）告知。 （2）保证。 （3）弃权与禁止反言
保险利益原则	（1）保险利益是指投保人或者被保险人对保险标的具有的法律上承认的利益。①保险利益必须是法律上承认的利益。保险利益必须是得到法律认可和保护的合法利益，法律不予认可或不予保护的利益不构成保险利益。②保险利益必须具有经济性。保险利益必须是可以用货币计算估价的利益。③保险利益必须具有确定性。 （2）在人身保险中，保险利益表现为一种人与人之间的利害关系，这种利害关系在多大范围内存在是法定的。投保人对下列人员具有保险利益：①本人；②配偶、子女、父母；③上述人员以外的与投保人有抚养、赡养或者扶养关系的家庭其他成员、近亲属；④与投保人有劳动关系的劳动者

续表

原则	具体内容
损失补偿原则	（1）被保险人只有遭受约定的保险危险所造成的损失才能获得赔偿，如果有险无损或者有损但并非约定的保险事故所造成的，被保险人都无权要求保险人给予赔偿。 （2）补偿的金额等于实际损失的金额。投保人或者被保险人在约定的保险事故发生后遭受的损失是多少，保险人就补偿多少；没有损失就不补偿，即保险人的补偿恰好能使保险标的恢复到保险事故发生前的状态，投保人或被保险人不能获得多于或少于损失的赔偿
近因原则	保险人对承保范围内的保险事故作为直接的、最接近的原因所引起的损失，承担保险责任

【要点48】保险合同的特征（掌握）

特征	具体内容
保险合同是双务有偿合同	保险合同的有偿性与一般有偿合同不同。 （1）一般有偿合同中是以等价交换为基础来确立双方的权利义务。 （2）保险合同中除长期人身保险合同外，保险人可能因合同有效期内未发生保险事故而无须承担保险责任，也可能保险事故发生后承担的保险金或赔偿金的数额大于保险人收取的保险费
保险合同是射幸合同	射幸合同，即为碰运气的机会性合同
保险合同是诺成合同	投保人提出保险要求，经保险人同意承保，保险合同成立
保险合同是格式合同	（1）订立保险合同，采用保险人提供的格式条款的，保险人向投保人提供的投保单应当附格式条款，保险人应当向投保人说明合同的内容。 （2）采用保险人提供的格式条款订立的保险合同中的下列条款无效：①免除保险人依法应承担的义务或者加重投保人、被保险人责任的。②排除投保人、被保险人或者受益人依法享有的权利的。 （3）采用保险人提供的格式条款订立的保险合同，保险人与投保人、被保险人或者受益人对合同条款有争议的，应当按照通常理解予以解释。有两种以上解释的，应作出有利于被保险人的解释

续表

特征	具体内容
保险合同是最大诚信合同	保险合同的当事人在合同的订立和履行过程中，必须以最大的诚意履行自己的义务，充分、准确地告知、说明与保险有关的所有重要事项，互不欺骗和隐瞒，恪守合同约定，否则，将影响合同的成立与效力

学习心得

【要点 49】保险合同的分类（掌握）

类别	具体内容
定值保险合同与不定值保险合同	定值保险合同是指投保人和保险人约定保险标的的保险价值并在合同中载明的，保险标的发生损失时，以约定的保险价值为赔偿计算标准的保险合同。不定值保险合同是指投保人和保险人未约定保险标的的保险价值，保险标的发生损失时，以保险事故发生时保险标的的实际价值为赔偿计算标准的保险合同
足额保险合同、不足额保险合同与超额保险合同	（1）足额保险合同是指保险金额等于保险价值的保险合同。 （2）不足额保险合同又称低额保险，是指保险金额小于保险价值的保险合同
补偿性保险合同与给付性保险合同	（1）补偿性保险合同是在保险事故发生后，保险人根据评定的被保险人的实际损失据以赔偿的保险合同，大多数的财产保险合同属于补偿性保险合同。 （2）给付性保险合同是在保险事故发生或是合同约定的条件成就后，保险人按照合同约定的保险金额承担给付责任的保险合同，大多数人身保险合同属于给付性保险合同

【要点 50】保险合同的当事人（掌握）

当事人类型	具体内容
保险人	保险人是指与投保人订立保险合同，并按照合同约定承担赔偿或者给付保险金责任的保险公司
投保人	（1）投保人是指与保险人订立保险合同，并按照合同约定负有支付保险费义务的人。 （2）投保人可以是自然人，也可以是法人。其应具备的条件是：具有相应的民事权利能力和民事行为能力；对被保险人或保险标的具有保险利益

【要点51】保险合同的关系人（掌握）

关系人类型	具体内容
被保险人	(1) 被保险人是指其财产或者人身受保险合同保障，享有保险金请求权的人。 (2) 投保人可以为被保险人。一般来讲，财产保险中自然人、法人等均可以作为被保险人，但人身保险的被保险人只能是自然人。 (3) 投保人不得为无民事行为能力人投保以死亡为给付保险金条件的人身保险，保险人也不得承保。父母为其未成年子女投保不受此限。 (4) 被保险人享有如下同意权：人身保险的受益人由被保险人或投保人指定，投保人指定受益人时须经被保险人同意，投保人变更受益人时也须经被保险人同意；以死亡为给付保险金条件的合同，未经被保险人同意并认可保险金额的，保险合同无效，父母为其未成年子女投保不受此限；按照以死亡为给付保险金条件的合同所签发的保险单，未经被保险人书面同意，不得转让或质押

续表

关系人类型	具体内容
受益人	(1) 受益人是指人身保险合同中由被保险人或者投保人指定的享有保险金请求权的人。 (2) 投保人、被保险人可以为受益人。受益人的资格一般没有限制，自然人、法人等均可为受益人，胎儿作为受益人应以活着出生为限。已经死亡的人不得作为受益人。 (3) 受益人为数人的，被保险人或者投保人可以确定受益顺序和受益份额；未确定受益份额的，受益人按照相等份额享有受益权。 (4) 被保险人死亡后，有下列情形之一的，保险金作为被保险人的遗产，由保险人依照《民法典》的规定履行给付保险金的义务：①没有指定受益人，或者受益人指定不明无法确定的。②受益人先于被保险人死亡，没有其他受益人的。受益人与被保险人在同一事件中死亡，且不能确定死亡先后顺序的，推定受益人死亡在先。③受益人依法丧失受益权或者放弃受益权，没有其他受益人的。受益人故意造成被保险人死亡、伤残、疾病的，或者故意杀害被保险人未遂的，该受益人丧失受益权

【要点52】保险合同的订立（掌握）

项目	具体内容
保险合同的订立程序	（1）投保。投保人向保险人提出的要求保险的意思表示。 （2）承保。保险人同意投保人提出的保险要求的意思表示，也即保险人接受投保人在投保单中提出的全部条件，同意在发生保险事故或者在约定的保险事件到来时承担保险责任
保险合同成立的时间	（1）投保人提出保险要求，经保险人同意承保，保险合同成立。 （2）投保人或者投保人的代理人订立保险合同时没有亲自签字或者盖章，而由保险人或者保险人的代理人代为签字或者盖章的，对投保人不生效。但投保人已经交纳保险费的，视为其对代签字或者盖章行为的追认

【要点 53】保险合同的条款（掌握）

事项	具体内容
保险人的名称和住所	
投保人、被保险人的姓名或者名称、住所，以及人身保险的受益人的姓名或者名称、住所	
保险标的	保险标的是指保险合同所要保障的对象
保险责任和责任免除	（1）保险责任是指保险合同约定的保险事故的发生造成被保险人财产损失或在约定的人身事件到来时，保险人所应承担的责任。 （2）责任免除是保险人不承担保险责任的范围
保险期间和保险责任开始期间	（1）保险期间是指保险人提供保险保障的期间，在该期间内发生保险事故并致使保险标的损害的，保险人承担保险责任。 （2）保险责任开始时间是从确定的某一时到起保险人承担保险责任

续表

事项	具体内容
保险金额	保险金额是指保险人承担赔偿或者给付保险金责任的最高限额，也是保险人计算保险费的依据之一
保险费	保险费是投保人依合同约定向保险人支付的费用，是投保人为获得保险保障应支付的对价
保险金赔偿	保险金是指保险人根据保险合同的约定对被保险人或受益人进行给付的金额；或者保险事故发生时，对物质损失赔偿的金额
违约责任和争议处理	
订立合同的年、月、日	

【要点 54】保险合同的形式（掌握）

项目	具体内容
保险单	保险人签发的关于保险合同的正式的书面凭证。 （1）保险单是证明保险合同成立的书面凭证。 （2）是双方当事人履约的依据。 （3）在某些情况下，保险单具有有价证券的效用。如人寿保险单可转让或质押
保险凭证	俗称“小保单”，是一种内容简化了的保险单，一般不列明具体的保险条款，只记载投保人和保险人约定的主要内容，但与保险单具有同等的法律效力。对于保险凭证未列明的内容，以相应的保险单的记载为准
暂保单	在保险单发出以前由保险人出具给投保人的一种临时保险凭证
投保单	保险人事先制定的供投保人提出保险要约时使用的格式文件

续表

项目	具体内容
保险合同中记载的内容不一致的，按照下列规则认定： (1) 投保单与保险单或者其他保险凭证不一致的，以投保单为准。但不一致的情形系经保险人说明并经投保人同意的，以投保人签收的保险单或者其他保险凭证载明的内容为准。 (2) 非格式条款与格式条款不一致的，以非格式条款为准。 (3) 保险凭证记载的时间不同的，以形成时间在后的为准。 (4) 保险凭证存在手写和打印两种方式的，以双方签字、盖章的手写部分的内容为准	

学习心得

【要点 55】保险合同的履行（掌握）

项目	具体内容
投保人、被保险人的义务	（1）支付保险费的义务。 （2）危险增加的通知义务。 （3）保险事故发生后的通知义务。 （4）接受保险人检查，维护保险标的的安全义务。 （5）积极施救义务
保险人的义务	（1）给付保险赔偿金或保险金的义务，这是保险人最基本和最主要的义务。 （2）支付其他合理、必要费用的义务：①为防止或减少保险标的损失；②为查明和确定保险事故的性质、原因和保险标的的损失程度
索赔	（1）索赔的时效：①人寿保险的诉讼时效期间为 5 年；②人寿保险以外的其他保险，诉讼时效期间为 2 年。 （2）索赔的程序：保险事故发生后，及时通知保险人并保护现场，接受保险人的检验与勘查
理赔	是指保险人接受索赔权利人的索赔要求后所进行的检验损失、调查原因、收集证据、确定责任范围直至赔偿、给付的全部工作和过程

【要点56】保险合同的变更（掌握）

项目	具体内容
投保人、被保险人的变更	投保人、被保险人的变更又称为保险合同的转让，是指保险人、保险标的和保险内容均不改变，而投保人或被保险人发生变更的行为
保险合同内容的变更	（1）变更保险合同内容的，应当由保险人在保险单上或者其他保险凭证上批注或者附贴批单，或者由投保人和保险人订立变更的书面协议。 （2）一般情况下，变更保险合同的内容需要取得保险人的同意，但是，在人身保险合同中，投保人或者被保险人变更受益人，当事人主张变更行为自变更意思表示发出时生效的，人民法院应予支持。 （3）投保人或者被保险人变更受益人未通知保险人，保险人主张变更对其不发生效力的，人民法院应予支持。 （4）投保人变更受益人未经被保险人同意，人民法院应认定变更行为无效。 （5）投保人或者被保险人在保险事故发生后变更受益人，变更后的受益人请求保险人给付保险金的，人民法院不予支持
保险合同效力的变更	是指人身保险合同失效后又复效的情况

【要点 57】保险合同的解除（掌握）

项目	具体内容
投保人的合同解除	(1) 除保险法另有规定或者保险合同另有约定外，保险合同成立后，投保人可以解除合同，保险人不得解除合同。 (2) 在人身保险合同中，投保人解除合同的，保险人应当自收到解除通知之日起 30 日内，按照合同约定退还保险单的现金价值。 (3) 在财产保险合同中，保险责任开始前，投保人要求解除合同的，应当按照合同约定向保险人支付“手续费”，保险人应当退还“保险费”。保险责任开始后，投保人要求解除合同的，保险人应当将已收取的保险费，按照合同约定扣除自保险责任开始之日起至合同解除之日止应收的部分后，退还投保人
保险人的合同解除	(1) 投保人故意或者因重大过失未履行如实告知义务，足以影响保险人决定是否同意承保或者提高保险费率的，保险人有权解除合同。 (2) 被保险人或受益人未发生保险事故，谎称发生了保险事故，向保险人提出赔偿或者给付保险金请求的，保险人有权解除合同，并不退还保险费。投保人、被保险人故意制造保险事故的，保险人有权解除合同，不承担赔

续表

项目	具体内容
保险人的合同解除	偿或给付保险金的责任。除投保人已交足2年以上保险费，保险人应当按照合同约定向其他权利人退还保险单的现金价值外，也不退还保险费。 (3) 投保人、被保险人未按照合同约定履行其对保险标的的安全应尽责任的，保险人有权增加保费或者解除合同。 (4) 在合同有效期内，保险标的的危险程度显著增加的，被保险人应按合同约定及时通知保险人，保险人有权按照合同约定增加保险费或者解除合同。 (5) 投保人申报的被保险人年龄不真实，并且其真实年龄不符合合同约定的年龄限制的，保险人可以解除合同，并按照合同的约定退还现金价值。此种情形下保险人的解除权，自保险人知道有解除事由之日起，超过30日不行使而消灭；自合同成立之日起超过2年的，保险人不得解除合同，发生保险事故的，保险人应当承担赔偿或者给付保险金的责任；保险人在合同订立时已经知道投保人未如实告知的情况的，保险人不得解除合同，发生保险事故的，保险人应当承担赔偿或者给付保险金的责任。 (6) 人身保险合同效力中止之日起满2年保险合同双方当事人未达成协议恢复合同效力的，保险人有权解除合同

续表

项目	具体内容
投保人、保险人均可解除合同的情形	(1) 保险标的发生“部分”损失的，自保险人赔偿之日起30日内，投保人可以解除合同；除合同另有约定外，保险人也可以解除合同，但应当提前15日通知投保人。 (2) 合同解除的，保险人应将保险标的未受损失部分的保险费，按照合同约定扣除自保险责任开始之日起至合同解除之日止应收的部分后，退还投保人
当事人不得解除的保险合同	货物运输保险合同和运输工具航程保险合同，其保险责任开始后，合同当事人不得解除合同

【要点58】财产保险合同中的特殊制度（掌握）

项目	具体内容
重复保险分摊制度	（1）重复保险的各保险人赔偿保险金的总和不得超过保险价值。除合同另有约定外，各保险人按照其保险金额与保险金额总和的比例承担赔偿保险金的责任。 （2）基于公平原则，超额投保的多余保费予以退还
物上代位制度	物上代位是一种所有权的代位，当保险标的因遭受保险事故而发生全损，保险人在支付全部保险金额之后，即拥有对该保险标的物的所有权，即保险人代位取得对受损保险标的的权利
代位求偿制度	（1）代位求偿的概念。当保险标的因遭受保险事故而发生全损，保险人在支付全部保险金额之后，即拥有对该保险标的物的所有权。 （2）代位求偿的成立要件。①保险事故的发生是由第三者的行为引起的。也就是说，保险事故的发生与第三人的过错行为须有因果关系。②被保险人未放弃向第三者的赔偿请求权。③代位求偿权的产生须在保险人支付保险金之后。 （3）代位求偿权的行使。保险人应以自己的名义行使保险代位求偿权

【要点59】人身保险合同的特殊条款（掌握）

项目	具体内容
迟交宽限条款	人寿保险具有长期性，大部分合同约定分期交纳保险费，并在合同中订明各期保费的交纳数额和交款的时间间隔。为避免延迟交纳保险费而致合同效力中止，法律上规定了宽限期条款。我国《保险法》规定的宽限期为30日或60日
中止、复效条款	在保险费交纳的宽限期满后，如果投保人仍未交纳应付的保险费，自中止之日起2年内，经保险人与投保人协商并达成协议，在投保人补交保险费后，合同效力还可以恢复
不丧失价值条款	这里的价值是指现金价值。现金价值实际上是解约返还金，是投保人退保、保险人解除保险合同或免于承担保险责任时，由保险人向投保人（特定情况下为其他权利人）退还的那部分金额

续表

项目	具体内容
误告年龄条款	若投保人申报的被保险人的年龄不真实，致使投保人支付的保险费少于应付保险费的，保险人有权更正并要求投保人补交保险费，或在给付保险金时按照实付保险费与应付保险费的比例支付。但若投保人为此支付的保险费多于应交的保险费，保险人应当将多收的保险费退还投保人
自杀条款	(1) 以被保险人死亡为给付保险金条件的合同，自合同成立或者合同效力恢复之日起 2 年内，被保险人自杀的，保险人不承担给付保险金的责任，但被保险人自杀时为无民事行为能力人的除外。 (2) 保险人依照规定不承担给付保险金责任的，应当按照合同约定退还保险单的现金价值

第七章　财政法律制度

☞ 掌握企业国有资产管理法律制度的规定、行政事业性国有资产管理法律制度的规定

☞ 掌握政府采购当事人、政府采购方式

☞ 熟悉预算收支范围

☞ 熟悉预算编制、审查和批准的规定

☞ 熟悉预算执行和调整的规定、决算的规定、预算监督的规定

☞ 熟悉政府采购合同的规定、政府采购的质疑与投诉的规定

【要点1】预算收支范围（熟悉）

预算收支范围	分类	
一般公共预算收入（以税收为主体）	税收收入	税收收入是国家预算收入的最主要的部分，占我国一般公共预算收入的80%以上，目前我国共有18个税种
	行政事业性收费收入	国家机关、事业单位等依照法律法规，按照国务院规定程序批准，在实施社会公共管理以及在向公民、法人和其他组织提供特定公共服务的过程中，按照规定标准向特定服务对象收取费用形成的收入
	国有资源（资产）有偿使用收入	是指矿藏、水流、海域、无居民海岛以及法律规定属于国家所有的森林、草原等国有资源有偿使用收入，按照规定纳入一般公共预算管理的国有资产收入等
	转移性收入	是指上级税收返还和转移支付、下级上解收入、调入资金以及按照财政部规定列入转移性收入的无隶属关系政府的无偿援助
	其他收入	罚没收入、以政府名义接受的捐赠收入等

续表

预算收支范围	分类	
一般公共预算支出	按照支出功能分类	包括一般公共服务支出，外交、公共安全、国防支出，农业、环境保护支出，教育、科技、文化、卫生、体育支出，社会保障及就业支出和其他支出等
		旨在反映政府职能活动，说明政府的钱到底干了什么事，如办学校
	按照支出经济性质分类	包括工资福利支出、商品和服务支出、资本性支出和其他支出等
		旨在反映政府支出的经济性质和用途，说明政府的钱是怎么花出去的，如办学校的钱究竟做了什么

续表

预算收支范围	分类	
政府性基金预算	定义	指将依照法律、行政法规的规定在一定期限内向特定对象征收、收取或者以其他方式筹集的资金，专项用于特定公共事业发展的收支预算
	来源	向特定对象征收、收取或者以其他方式筹集的资金
	预算收入	包括政府性基金各项目收入和转移性收入
	预算支出	包括与政府性基金预算收入相对应的各项目支出和转移性支出
国有资本经营预算	定义	指对国有资本收益作出支出安排的收支预算
	来源	国有企业及国有股权的收益上缴
	预算收入	包括应当纳入国有资本经营预算的国有独资企业和国有独资公司按照规定上缴国家的利润收入、从国有资本控股和参股公司获得的股息红利收入、国有产权转让收入、清算收入和其他收入

续表

预算收支范围	分类	
国有资本经营预算	预算支出	包括资本性支出、费用性支出、向一般公共预算调出资金等转移性支出和其他支出
社会保险基金预算	定义	是对社会保险缴款、一般公共预算安排和其他方式筹集的资金，专项用于社会保险的收支预算
	来源	个人和机关、企事业单位的社会保险缴费，一般公共预算安排的财政补贴、基金投资收益、利息收入及捐赠收入等资金
	预算收入	包括各项社会保险费收入、利息收入、投资收益、一般公共预算补助收入、集体补助收入、转移收入、上级补助收入、下级上解收入和其他收入
	预算支出	包括各项社会保险待遇支出、转移支出、补助下级支出、上解上级支出和其他支出

【要点2】预算编制（熟悉）

项目	内　容
预算编制的对象	预算编制的对象是预算草案（审批前不具有法律效力，审批后才是正式预算）
预算年度	自公历1月1日起至12月31日止
预算编制的基本要求	（1）各级预算收入的编制，应当与经济社会发展水平相适应，与财政政策相衔接。将政府收入全部列入预算，不得隐瞒、少列。 （2）各级预算支出应当依照《预算法》规定，按其功能和经济性质分类编制。 各级预算支出的编制，应当贯彻勤俭节约的原则，严格控制各部门、各单位的机关运行经费和楼堂馆所等基本建设支出。 各级一般公共预算支出的编制，应当统筹兼顾，在保证基本公共服务合理需要的前提下，优先安排国家确定的重点支出。 （3）中央一般公共预算中必需的部分资金，可以通过举借国内和国外债务等方式筹措，举借债务应当控制适当的规模，保持合理的结构。 对中央一般公共预算中举借的债务实行余额管理，余额的规模不得超过全国人民代表大会批准的限额。

续表

项目	内　容
预算编制的基本要求	(4) 地方各级预算按照量入为出、收支平衡的原则编制，除《预算法》另有规定外，不列赤字。 预算中必需的建设投资的部分资金，可以在国务院确定的限额内，通过发行地方政府债券举借债务的方式筹措。 国务院建立地方政府债务风险评估和预警机制、应急处置机制以及责任追究制度。国务院财政部门对地方政府债务实施监督
预算编制的时间要求	(1) 国务院及时下达关于编制下一年预算草案的通知。 (2) 财政部于每年6月15日前部署编制下一年度预算草案的具体事项，规定报表格式、方法、期限。 (3) 县级以上地方各级政府财政部门应当于每年6月30日前部署本行政区域编制下一年度预算草案的具体事项。 (4) 省、自治区、直辖市政府财政部门汇总的本级总预算草案或者本级总预算，于下一年度1月10日前报财政部
预算编制的方法	(1) 各级预算应当根据年度经济社会发展目标、国家宏观调控总体要求和跨年度预算平衡的需要，参考上一年预算执行情况、有关支出绩效评价结果和本年度收支预测，按照规定程序征求各方面意见后，进行编制。

续表

项目	内　　容
预算编制的方法	（2）各部门、各单位应当按照国务院财政部门制定的政府收支分类科目、预算支出标准和要求，以及绩效目标管理等预算编制规定，根据其依法履行职能和事业发展的需要以及存量资产情况，编制本部门、本单位预算草案。 （3）各级政府依据法定权限作出决定或者制定行政措施，凡涉及增加或者减少财政收入或者支出的，应当在预算批准前提出并在预算草案中作出相应安排。 （4）预算编制中的特殊安排。 ①中央预算和有关地方预算中应当安排必要的资金，用于扶助革命老区、民族地区、边疆地区、贫困地区发展经济社会建设事业。 ②各级一般公共预算应当按照本级一般公共预算支出额的1%～3%设置预备费，用于当年预算执行中的自然灾害等突发事件处理增加的支出及其他难以预见的开支。 ③各级一般公共预算可以设置预算稳定调节基金，用于弥补以后年度预算资金的不足。 ④各级一般公共预算按照国务院的规定可以设置预算周转金，用于本级政府调剂预算年度内季节性收支差额。预算周转金额度不得超过本级一般公共预算支出总额的1%。年度终了时，各级政府财政部门可以将预算周转金收回并用于补充预算稳定调节基金

【要点3】预算审查和批准（熟悉）

项目	中央预算	地方各级预算
审查和批准	全国人民代表大会	本级人民代表大会
负责作报告	国务院	地方各级政府
审查内容	（1）上一年预算执行情况是否符合本级人民代表大会预算决议的要求。 （2）预算安排是否符合《预算法》的规定。 （3）预算安排是否贯彻国民经济和社会发展的方针政策，收支政策是否切实可行。 （4）重点支出和重大投资项目的预算安排是否适当。 （5）预算的编制是否完整，是否细化到符合《预算法》的规定。 （6）对下级政府的转移性支出预算是否规范、适当。 （7）预算安排举借的债务是否合法、合理，是否有偿还计划和稳定的偿还资金来源。 （8）与预算有关重要事项的说明是否清晰	
审查结果报告的内容	（1）对上一年预算执行和落实本级人民代表大会预算决议的情况作出评价。 （2）对本年度预算草案是否符合《预算法》的规定，是否可行作出评价。	

续表

<table>
<tr><th>项目</th><th>中央预算</th><th>地方各级预算</th></tr>
<tr><td>审查结果报告的内容</td><td colspan="2">（3）对本级人民代表大会批准预算草案和预算报告提出建议。
（4）对执行年度预算、改进预算管理、提高预算绩效、加强预算监督等提出意见和建议</td></tr>
<tr><td>具体时间</td><td colspan="2">（1）国务院财政部门应当在每年全国人民代表大会会议举行的 45 日前，将中央预算草案的初步方案提交全国人民代表大会财政经济委员会进行初步审查。
（2）省、自治区、直辖市政府财政部门应当在本级人民代表大会会议举行的 30 日前，将本级预算草案的初步方案提交本级人民代表大会有关专门委员会进行初步审查。
（3）设区的市、自治州政府财政部门应当在本级人民代表大会会议举行的 30 日前，将本级预算草案的初步方案提交本级人民代表大会有关专门委员会进行初步审查，或者送交本级人民代表大会常务委员会有关工作机构征求意见。
（4）县、自治县、不设区的市、市辖区政府应当在本级人民代表大会会议举行的 30 日前，将本级预算草案的初步方案提交本级人民代表大会常务委员会进行初步审查</td></tr>
</table>

续表

项目	中央预算	地方各级预算
预算的备案	国务院将省、自治区、直辖市政府依照前款规定报送备案的预算汇总后，报全国人民代表大会常务委员会备案	乡、民族乡、镇政府应当及时将经本级人民代表大会批准的本级预算报上一级政府备案。县级以上地方各级政府应当及时将经本级人民代表大会批准的本级预算及下一级政府报送备案的预算汇总，报上一级政府备案。县级以上地方各级政府将下一级政府依照前述规定报送备案的预算汇总后，报本级人民代表大会常务委员会备案
预算的撤销	国务院和县级以上地方各级政府对下一级政府依照《预算法》规定报送备案的预算，认为有同法律、行政法规相抵触或者有其他不适当之处，需要撤销批准预算决议的，应当提请本级人民代表大会常务委员会审议决定	
预算的批复	各级预算经本级人民代表大会批准后，本级政府财政部门应当在 20 日内向本级各部门批复预算。各部门应当在接到本级政府财政部门批复的本部门预算后 15 日内向所属各单位批复预算	

【要点4】预算执行（熟悉）

<table>
<tr><th>项目</th><th colspan="2">内　　容</th></tr>
<tr><td>预算执行定义</td><td colspan="2">是组织完成预算收支任务的活动</td></tr>
<tr><td>预算执行主体</td><td colspan="2">各部门、各单位是本部门、本单位的预算执行主体，负责本部门、本单位的预算执行，并对执行结果负责</td></tr>
<tr><td rowspan="4">一般性规定</td><td>预算年度开始后、预算草案批准前可安排支出</td><td>（1）上一年度结转的支出。
（2）参照上一年同期的预算支出数额安排必须支付的本年度部门基本支出、项目支出，以及对下级政府的转移性支出。
（3）法律规定必须履行支付义务的支出，以及用于自然灾害等突发事件处理的支出</td></tr>
<tr><td colspan="2">预算经本级人民代表大会批准后，按照批准的预算执行</td></tr>
<tr><td colspan="2">各级预算的收入和支出实行收付实现制</td></tr>
<tr><td colspan="2">国家实行国库集中收缴和集中支付制度，对政府全部收入和支出实行国库集中收付管理</td></tr>
</table>

续表

项目	内　　容
一般性规定	各级政府应当加强对预算执行的领导
	各部门、各单位应当加强对预算收入和支出的管理
组织预算收入	预算收入征收部门和单位，必须及时、足额征收应征的预算收入
	政府的全部收入应当上缴国家金库
	对于特定专用资金，可以依照国务院的规定设立财政专户
拨付预算支出	各级政府财政部门必须及时、足额地拨付预算支出资金，加强对预算支出的管理和监督
	各级政府、各部门、各单位的支出必须按照预算执行，不得虚假列支。各级政府、各部门、各单位应当对预算支出情况开展绩效评价

续表

项目	内　　容
余缺调剂	(1) 各级预算预备费的动用方案，由本级政府财政部门提出，报本级政府决定。 (2) 各级预算周转金由本级政府财政部门管理，不得挪作他用。 (3) 各级一般公共预算年度执行中有超收收入的，只能用于冲减赤字或者补充预算稳定调节基金。 (4) 各级政府性基金预算年度执行中有超收收入的，应当在下一年度安排使用并优先用于偿还相应的专项债务；出现短收的，应当通过减少支出实现收支平衡。国务院另有规定的除外。 (5) 各级国有资本经营预算年度执行中有超收收入的，应当在下一年度安排使用；出现短收的，应当通过减少支出实现收支平衡。国务院另有规定的除外

【要点5】预算调整（熟悉）

项目	内　　容	
预算调整	定义	因特殊情况而在预算执行过程中对原来的预算作部分调整和变更
	进行预算调整的情况	（1）需要增加或者减少预算总支出的。 （2）需要调入预算稳定调节基金的。 （3）需要调减预算安排的重点支出数额的。 （4）需要增加举借债务数额的
	编制预算调整方案	各级政府对于必须进行的预算调整，应当编制预算调整方案。预算调整方案应当说明预算调整的理由、项目和数额
	不属于预算调整的情形	（1）在预算执行中，地方各级政府因上级政府增加不需要本级政府提供配套资金的专项转移支付而引起的预算支出变化，不属于预算调整。 （2）各级一般公共预算年度执行中厉行节约、节约开支，造成本级预算支出实际执行数小于预算总支出的，不属于预算调整的情形
	审查和批准部门	中央预算：全国人民代表大会常务委员会。 县级以上地方各级预算：本级人民代表大会常务委员会；乡、民族乡、镇预算：本级人民代表大会（注意乡级不是常委会）。 未经批准，不得调整预算

【要点6】决算（熟悉）

文件	编制	审计	审定	审查和批准
中央决算草案	国务院财政部门	国务院审计部门	国务院	全国人民代表大会常务委员会
地方各级决算草案（县级以上）	县级以上地方本级政府财政部门	本级政府审计部门	本级政府审定	本级人民代表大会常务委员会
乡、民族乡、镇决算草案	乡、民族乡、镇政府负责编制			本级人民代表大会

续表

项目	内　　容
县级以上各级人民代表大会常务委员会和乡、民族乡、镇人民代表大会对本级决算草案，重点审查下列内容	(1) 预算收入情况。(2) 支出政策实施情况和重点支出、重大投资项目资金的使用及绩效情况。(3) 结转资金的使用情况。(4) 资金结余情况。(5) 本级预算调整及执行情况。(6) 财政转移支付安排执行情况。(7) 经批准举借债务的规模、结构、使用、偿还等情况。(8) 本级预算周转金规模和使用情况。(9) 本级预备费使用情况。(10) 超收收入安排情况，预算稳定调节基金的规模和使用情况。(11) 本级人民代表大会批准的预算决议落实情况。(12) 其他与决算有关的重要情况
决算批复	各级决算经批准后，财政部门应当在20日内向本级各部门批复决算；各部门应当在接到本级政府财政部门批复的本部门决算后15日内向所属单位批复决算
决算备案	地方各级政府应当将经批准的决算及下一级政府上报备案的决算汇总，报上一级政府备案；县级以上各级政府应当将下一级政府报送备案的决算汇总后，报本级人民代表大会常务委员会备案

【要点7】预算监督（熟悉）

项目	内　　容
权力机关对预算的监督	全国人民代表大会及其常务委员会对中央和地方预算、决算进行监督。县级以上地方各级人民代表大会及其常务委员会对本级和下级预算、决算进行监督。乡、民族乡、镇人民代表大会对本级预算、决算进行监督
政府机关对预算的监督	（1）各级政府监督下级政府的预算执行；下级政府应当定期向上一级政府报告预算执行情况。 （2）各级政府财政部门负责监督本级各部门及其所属各单位预算管理有关工作，并向本级政府和上一级政府财政部门报告预算执行情况。 （3）县级以上政府审计部门依法对预算执行、决算实行审计监督。 （4）政府各部门负责监督检查所属各单位的预算执行，及时向本级政府财政部门反映本部门预算执行的情况，依法纠正违反预算的行为
其他主体对预算的监督	公民、法人或者其他组织发现有违反预算法的行为，可以依法向有关国家机关进行检举、控告

【要点8】国有资产的概念和类型（掌握）

项目	内容	
国有资产	概念	指所有权属于国家的财产或者财产权益。 不仅包括有形财产（如固定资产和流动资产），还包括属于国家的债权、无形财产等财产权益
	类型	（1）经营性国有资产。 （2）非经营性国有资产。 （3）资源性国有资产

学习心得

【要点9】企业国有资产管理法律制度（掌握）

项目	内　　容
概念	国家对企业各种形式的出资所形成的权益；企业国有资产属于国家所有即全民所有；国务院代表国家行使国有资产所有权
出资人	国务院和地方人民政府依照法律、行政法规的规定，分别代表国家对国家出资企业履行出资人职责，享有出资人权益。国务院确定的关系国民经济命脉和国家安全的大型国家出资企业，重要基础设施和重要自然资源等领域的国家出资企业，由国务院代表国家履行出资人职责。其他的国家出资企业，由地方人民政府代表国家履行出资人职责
履行出资人职责的机构	国务院国有资产监督管理机构和地方人民政府按照国务院的规定设立的国有资产监督管理机构，根据本级人民政府的授权，代表本级人民政府对国家出资企业履行出资人职责。国务院和地方人民政府根据需要，可以授权其他部门、机构代表本级人民政府对国家出资企业履行出资人职责。代表本级人民政府履行出资人职责的机构、部门，统称履行出资人职责的机构

续表

项目	内　　容
履行出资人职责的机构的职责	(1) 代表本级人民政府对国家出资企业依法享有**资产收益、参与重大决策和选择管理者**等出资人权利。依照法律、行政法规的规定，制定或者参与制定国家出资企业的章程。 对法律、行政法规和本级人民政府规定须经本级人民政府批准的履行出资人职责的重大事项，应当报请本级人民政府批准。 (2) 委派的股东代表参加国有资本控股公司、国有资本参股公司召开的股东会会议、股东大会会议，应当按照委派机构的指示提出提案、发表意见、行使表决权，并将其履行职责的情况和结果及时报告委派机构。 (3) 应当依照法律、行政法规以及企业章程履行出资人职责，保障出资人权益，防止国有资产损失。应当维护企业作为市场主体依法享有的权利，除依法履行出资人职责外，不得干预企业经营活动。 (4) **对本级人民政府负责**，向本级人民政府报告履行出资人职责的情况，接受本级人民政府的监督和考核，对国有资产的保值增值负责。应当按照国家有关规定，定期向本级人民政府报告有关国有资产总量、结构、变动、收益等汇总分析的情况

【要点10】国家出资企业管理者的选择与考核（掌握）

项目	内 容
管理者的选择	任免或者建议任免国家出资企业的下列人员：（1）任免国有独资企业的经理、副经理、财务负责人和其他高级经理人员。（2）任免国有独资公司的董事长、副董事长、董事、监事会主席和监事。（3）向国有资本控股公司、国有资本参股公司的股东会提出董事、监事人选。国家出资企业中应当由职工代表出任的董事、监事，依照有关法律、行政法规的规定由职工民主选举产生
兼职限制	（1）未经履行出资人职责的机构同意，国有独资企业、国有独资公司的董事、高级管理人员不得在其他企业兼职。未经股东会同意，国有资本控股公司、国有资本参股公司的董事、高级管理人员不得在经营同类业务的其他企业兼职。（2）未经履行出资人职责的机构同意，国有独资公司的董事长不得兼任经理；未经股东会同意，国有资本控股公司的董事长不得兼任经理。（3）董事、高级管理人员不得兼任监事
管理者的考核	国家建立国家出资企业管理者经营业绩考核制度。 国有独资企业、国有独资公司和国有资本控股公司的主要负责人，应当接受依法进行的任期经济责任审计

【要点11】与关联方交易的限制（掌握）

项目	内　　容
概念	关联方，是指本企业的董事、监事、高级管理人员及其近亲属，以及这些人员所有或者实际控制的企业
与关联方交易的限制	（1）国家出资企业的关联方不得利用与国家出资企业之间的交易，谋取不当利益，损害国家出资企业利益。 （2）国有独资企业、国有独资公司、国有资本控股公司不得无偿向关联方提供资金、商品、服务或者其他资产，不得以不公平的价格与关联方进行交易。 （3）未经履行出资人职责的机构同意，国有独资企业、国有独资公司不得有下列行为： ①与关联方订立财产转让、借款的协议； ②为关联方提供担保； ③与关联方共同出资设立企业，或者向董事、监事、高级管理人员或者其近亲属所有或者实际控制的企业投资。 （4）国有资本控股公司、国有资本参股公司与关联方的交易，依照《公司法》和有关行政法规以及公司章程的规定，由公司股东会或者董事会决定

【要点12】国有资本经营预算（掌握）

项目	内　　容
编制范围	（1）从国家出资企业分得的利润。 （2）国有资产转让收入。 （3）从国家出资企业取得的清算收入。 （4）其他国有资本收入
编制要求	（1）国有资本经营预算按年度单独编制，纳入本级人民政府预算，报本级人民代表大会批准。 （2）国有资本经营预算支出按照当年预算收入规模安排，不列赤字。 （3）国务院和有关地方人民政府财政部门负责国有资本经营预算草案的编制工作，履行出资人职责的机构向财政部门提出由其履行出资人职责的国有资本经营预算建议草案

【要点13】企业国有资产及重大事项管理（掌握）

项目	内　　容
企业国有资产管理	（1）国有资产监督管理机构负责企业国有资产的产权界定、产权登记、资产评估监管、清产核资、资产统计、综合评价等基础管理工作。 （2）建立企业国有资产产权交易监督管理制度。 （3）国有资产监督管理机构对其所出资企业的企业国有资产收益依法履行出资人职责。 （4）所出资企业中的国有独资企业、国有独资公司的重大资产处置，须依照有关规定执行
企业重大事项管理	（1）国有资产监督管理机构依照法定程序决定所出资企业中的**国有独资企业、国有独资公司的分立、合并、破产、解散、增减资本、发行公司债券**等重大事项。 （2）国有资产监督管理机构决定其所出资企业的国有股权转让。 （3）国有资产监督管理机构依照国家有关规定拟订所出资企业收入分配制度改革的指导意见，调控所出资企业工资分配的总体水平。 （4）国有资产监督管理机构可以对所出资企业中具备条件的国有独资企业、国有独资公司进行国有资产授权经营

【要点14】行政事业性国有资产及管理适用范围（掌握）

项目	内　　容
取得方式	（1）使用财政资金形成的资产。 （2）接受调拨或者划转、置换形成的资产。 （3）接受捐赠并确认为国有资产。 （4）其他国有资产
管理适用范围	（1）除国家另有规定外，社会组织直接支配的行政事业性国有资产管理，依照《行政事业性国有资产管理条例》执行。 （2）货币形式的行政事业性国有资产管理，按照预算管理有关规定执行。 （3）执行企业财务、会计制度的事业单位以及事业单位对外投资的全资企业或者控股企业的资产管理，不适用《行政事业性国有资产管理条例》。 （4）公共基础设施、政府储备物资、国有文物文化等行政事业性国有资产管理的具体办法，由国务院财政部门会同有关部门制定。 （5）中国人民解放军、中国人民武装警察部队直接支配的行政事业性国有资产管理，依照中央军事委员会有关规定执行

续表

项目	内　　容
管理体制	（1）实行政府分级监管、各部门及其所属单位直接支配的管理体制。 （2）各级人民政府应当建立健全行政事业性国有资产管理机制。 （3）国务院财政部门负责制定行政事业单位国有资产管理规章制度并负责组织实施和监督检查，牵头编制行政事业性国有资产管理情况报告。 （4）各部门根据职责负责本部门及其所属单位国有资产管理工作，应当明确管理责任，指导、监督所属单位国有资产管理工作

【要点15】行政事业性国有资产的配置、使用和处置（掌握）

项目	内容
配置	资产配置包括调剂、购置、建设、租用、接受捐赠等方式。各部门及其所属单位应当优先通过调剂方式配置资产。不能调剂的，可以采用购置、建设、租用等方式
使用	（1）行政单位国有资产应当用于本单位履行职能的需要。 （2）事业单位国有资产应当用于保障事业发展、提供公共服务。 （3）应当加强对本单位固定资产、在建工程、流动资产、无形资产等各类国有资产的管理，明确管理责任，规范使用流程，加强产权保护，推进相关资产安全有效使用。 （4）县级以上地方人民政府及其有关部门应当建立健全国有资产共享共用机制
处置	（1）报废、报损： ①因技术原因确需淘汰或者无法维修、无维修价值的资产； ②涉及盘亏、坏账以及非正常损失的资产； ③已超过使用年限且无法满足现有工作需要的资产； ④因自然灾害等不可抗力造成毁损、灭失的资产。 （2）将依法罚没的资产按照国家规定公开拍卖或者按照国家有关规定处理，所得款项全部上缴国库。

续表

项目	内　　容
处置	（3）发生分立、合并、改制、撤销、隶属关系改变或者部分职能、业务调整等情形，应当根据国家有关规定办理相关国有资产划转、交接手续。 （4）国家设立的研究开发机构、高等院校对其持有的科技成果的使用和处置，依照国家有关规定执行。 （5）中央行政事业单位国有资产处置，按照规定执行

学习心得

【要点16】行政事业性国有资产的预算管理和基础管理（掌握）

项目	内　容
预算管理	（1）资产管理与预算管理相结合是行政事业性国有资产管理的重要特点。 （2）各部门及其所属单位应当提出资产配置需求，编制资产配置相关支出预算，并严格按照预算管理规定和财政部门批复的预算配置资产。 （3）行政单位国有资产出租和处置等收入，应当按照政府非税收入和国库集中收缴制度的有关规定管理。 （4）各部门及其所属单位应当在决算中全面、真实、准确反映其国有资产收入、支出以及国有资产存量情况。 （5）各部门及其所属单位应当按照国家规定建立国有资产绩效管理制度
基础管理	（1）各部门及其所属单位应当按照国家规定设置行政事业性国有资产台账，依照国家统一的会计制度进行会计核算，不得形成账外资产。 （2）各部门及其所属单位应当定期或者不定期对资产进行盘点、对账。 （3）除国家另有规定外，各部门及其所属单位将行政事业性国有资产进行转让、拍卖、置换、对外投资等，应当按照国家有关规定进行资产评估。

续表

项目	内　　容
基础管理	(4) 有下列情形之一的，各部门及其所属单位应当对行政事业性国有资产进行清查：①根据本级政府部署要求；②发生重大资产调拨、划转以及单位分立、合并、改制、撤销、隶属关系改变等情形；③因自然灾害等不可抗力造成资产毁损、灭失；④会计信息严重失真；⑤国家统一的会计制度发生重大变更，涉及资产核算方法发生重要变化；⑥其他应当进行资产清查的情形。 (5) 各部门及其所属单位对需要办理权属登记的资产应当依法及时办理。 (6) 各部门及其所属单位之间，各部门及其所属单位与其他单位和个人之间发生资产纠纷的，应当依照有关法律法规规定采取协商等方式处理。 (7) 国务院财政部门应当建立全国行政事业性国有资产管理信息系统，推行资产管理网上办理，实现信息共享

【要点 17】政府采购当事人（掌握）

项目	内　容	
政府采购当事人	采购人	包括依法进行政府采购的国家机关、事业单位、团体组织等
	采购代理机构	是根据采购人的委托办理采购事宜的机构，包括集中采购机构和集中采购机构以外的采购代理机构
	供应商	是指向采购人提供货物、工程或者服务的法人、其他组织或者自然人
		供应商参加政府采购活动应当具备下列法定条件： （1）具有独立承担民事责任的能力； （2）具有良好的商业信用和健全的财务会计制度； （3）具有履行合同所必需的设备和专业技术能力； （4）有依法缴纳税收和社会保障资金的良好记录； （5）参与政府采购活动前 3 年内，在经营活动中没有重大违法记录； （6）法律、行政法规规定的其他条件

续表

项目	内容	
政府采购当事人	供应商	联合体采购情形： （1）两个以上的自然人、法人或者其他组织可以组成一个联合体，以一个供应商的身份共同参加政府采购。 （2）参加联合体的供应商均应当具备上述法定条件，共同与采购人签订采购合同，就采购合同约定的事项对采购人承担连带责任。 （3）联合体中有同类资质的供应商按照联合体分工承担相同工作的，应当按照资质等级较低的供应商确定资质等级。 （4）以联合体形式参加政府采购活动的，联合体各方不得再单独参加或者与其他供应商另外组成联合体参加同一合同项下的政府采购活动

【要点 18】政府采购方式（掌握）

方式	内　　容
公开招标方式	为政府采购的主要采购方式
邀请招标方式	是指招标采购单位依法从符合相应资格条件的供应商中随机邀请 3 家以上供应商，并以投标邀请书的方式，邀请其参加投标的方式
竞争性谈判	是指采购人或采购代理机构根据采购需求直接要求 3 家以上的供应商就采购事宜与供应商分别进行一对一的谈判，最后通过谈判结果来选择供应商的一种采购方式
单一来源采购	是指采购人直接从某个供应商或承包商处购买所需货物、服务或者工程的采购方式
询价	是指采购人就采购项目向符合相应资格条件的被询价供应商（不少于 3 家）发出询价通知书，通过对报价供应商的报价进行比较，最终确定成交供应商的采购方式。 采购的货物规格、标准统一，现货货源充足且价格变化幅度小的政府采购项目，可以采用询价方式采购

【要点 19】政府采购合同的规定（熟悉）

项目	内　　容
政府采购合同的签订	采购人与中标、成交供应商应当在中标、成交通知书发出之日起 **30 日内**，按照采购文件确定的事项签订政府采购合同。中标、成交通知书对采购人和中标、成交供应商均有法律效力。 履约保证金的数额不得超过政府采购合同金额的 10%
政府采购合同的履行	经采购人同意，中标、成交供应商**可以依法采取分包方式履行合同**。政府采购合同分包履行的，中标、成交供应商必须就采购项目和分包项目向采购人负责，分包供应商就分包项目承担责任。 可签订补充合同，但所有补充合同的采购金额**不得超过原采购金额的 10%**

【要点 20】政府采购的质疑与投诉（熟悉）

项目	内　　容
质疑	供应商认为权益受到损害的，可以在知道或者应知道其权益受到损害之日起 7 个工作日内，以书面形式向采购人提出质疑
	采购人应当在收到供应商的书面质疑后 7 个工作日内作出答复
	权益受到损害之日是指： （1）对可以质疑的采购文件提出质疑的，为收到采购文件之日或者采购文件公告期限届满之日。 （2）对采购过程提出质疑的，为各采购程序环节结束之日。 （3）对中标或者成交结果提出质疑的，为中标或者成交结果公告期限届满之日
	采购人或者采购代理机构应当在 3 个工作日内对供应商依法提出的询问作出答复
	政府采购评审专家应当配合

续表

项目	内　　容
投诉	质疑供应商可以在答复期满后15个工作日内向同级政府采购监督管理部门（即采购人所属预算级次本级财政部门）投诉
	政府采购监督管理部门应当在收到投诉后30个工作日内，对投诉事项作出处理决定
	政府采购监督管理部门可以视具体情况暂停采购活动，但暂停时间最长不得超过30日
	财政部门处理投诉事项采用书面审查的方式，必要时可以进行调查取证或者组织质证